Materialhinweise

Gute Arbeitsergebnisse erzielst du mit ordentlichem Handwerkszeug. Achte deshalb darauf, dass dein Geodreieck keine abgebrochenen Ecken hat und deine Zirkelmine nach innen angeschrägt ist.
Ein harter Bleistift und ein feststellbarer Zirkel mit Mittelstellrad erleichtern dir die Arbeit.

Arbeitshinweise

Übe die verschiedenen Aufgabenstellungen, bis du sie sicher beherrschst. Achte dabei auf korrekte und saubere Ausführung. Zusätzliche Übungen auf Zeichenpapier, die du auch anmalen und ausschneiden kannst, helfen dir immer bessere Ergebnisse zu erzielen und sind außerdem noch dekorativ.

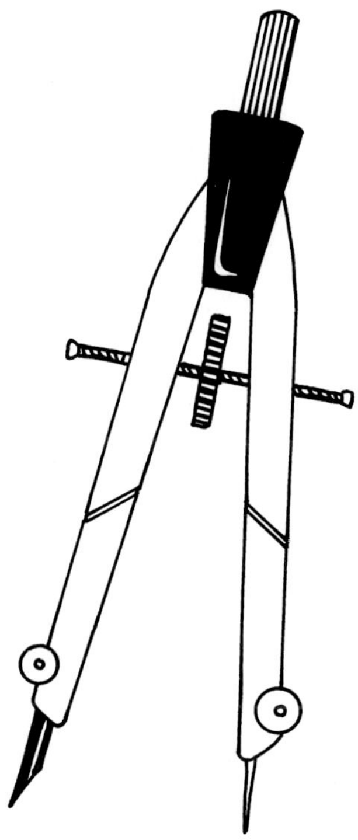

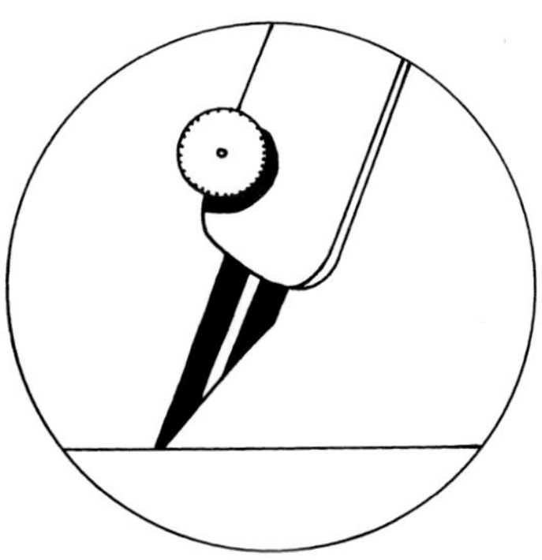

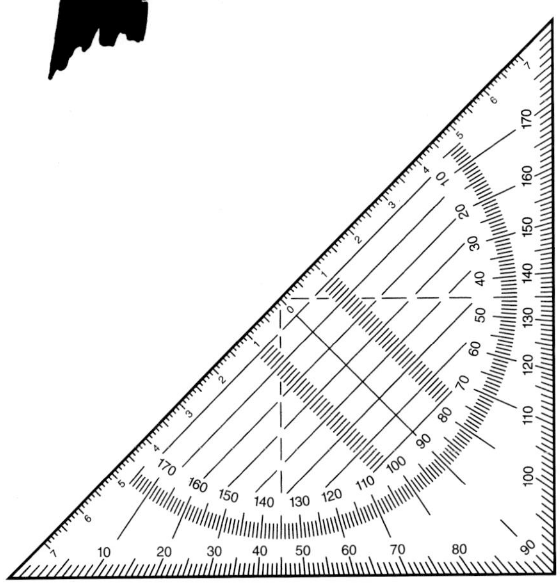

Das Geodreieck I

Das Geodreieck ist ein Spezial-Lineal.
In ihm sind mehrere Lineale vereinigt. Daher kannst du an den drei Seiten des Geodreiecks und in seiner Mitte verschiedene Dinge in unterschiedlichen Maßeinheiten ablesen.

a) Male diejenige Skala des Lineals grün an, mit der du **Längen** messen kannst (mm, cm).
b) Ergänze die fehlenden Zahlen an der Lineal-Skala.

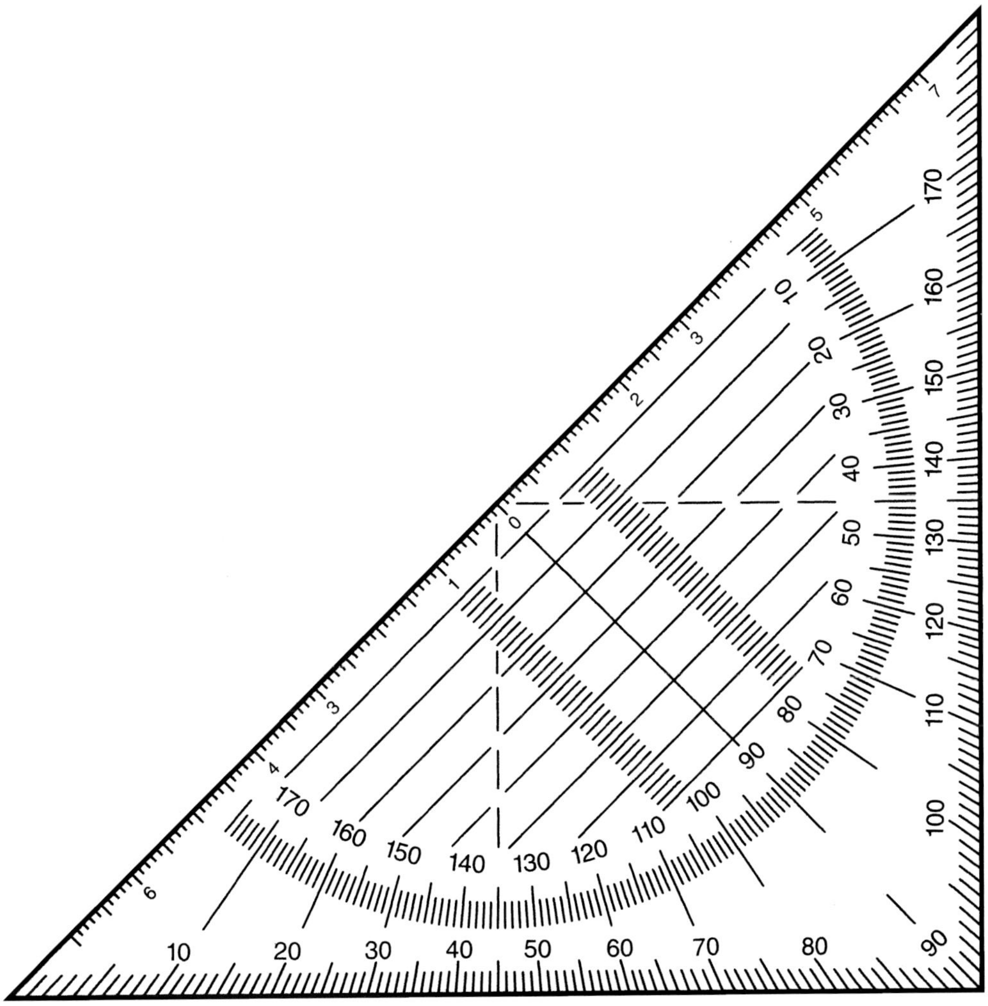

Persen® Bergedorfer®
Best.-Nr. 2331

Das Geodreieck II

a) Male diejenige Skala des Lineals rot an, mit der du **Winkel** messen kannst (Grad).

b) Ergänze die fehlenden Zahlen an der Winkel-Skala.

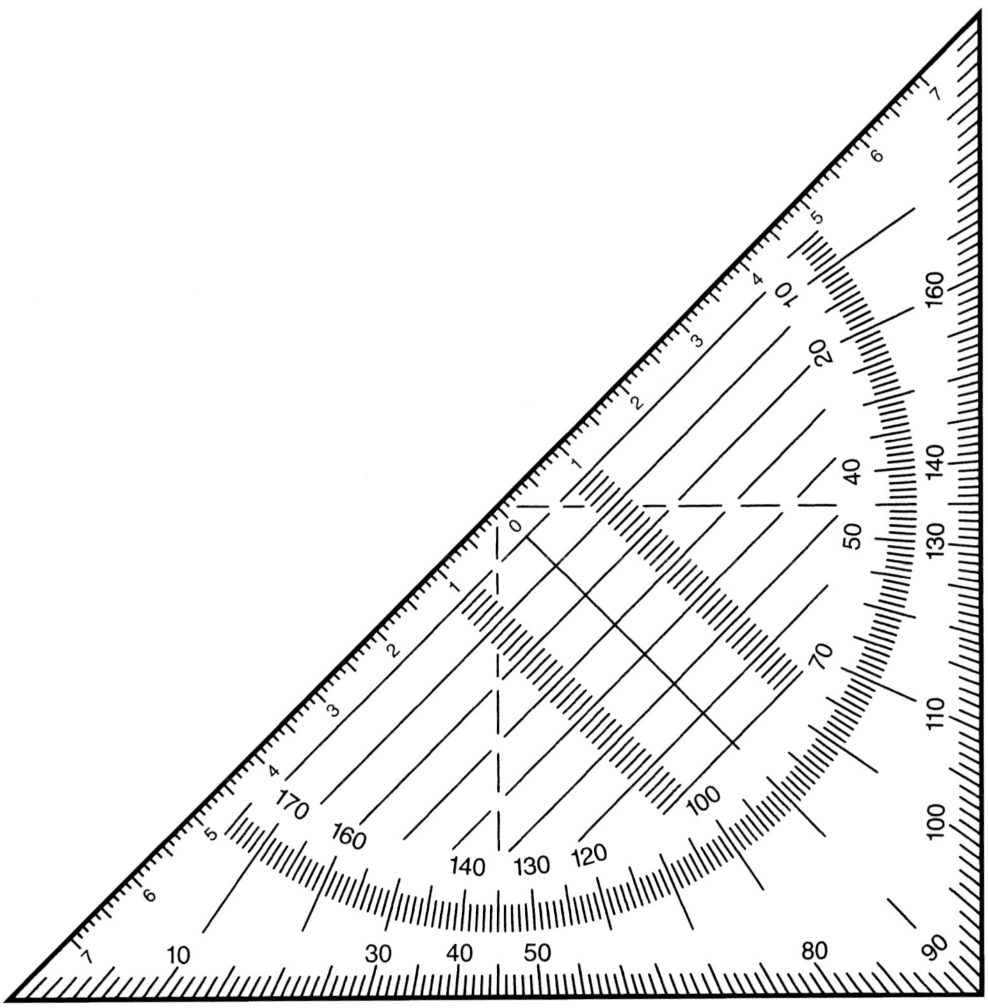

Bd. 273. Inge Buggenthin: Einführung in die Arbeit mit Geodreieck und Zirkel – ab 4. Schuljahr

Persen® Bergedorfer®
Best.-Nr. 2331

Strecken messen

Miss die Teilstrecken und trage deine Ergebnisse in die Kästchen ein.
a) ganze cm
b) cm und halbe cm
c) cm und mm
d) cm und mm mit Komma

a)
b)
c)
d)

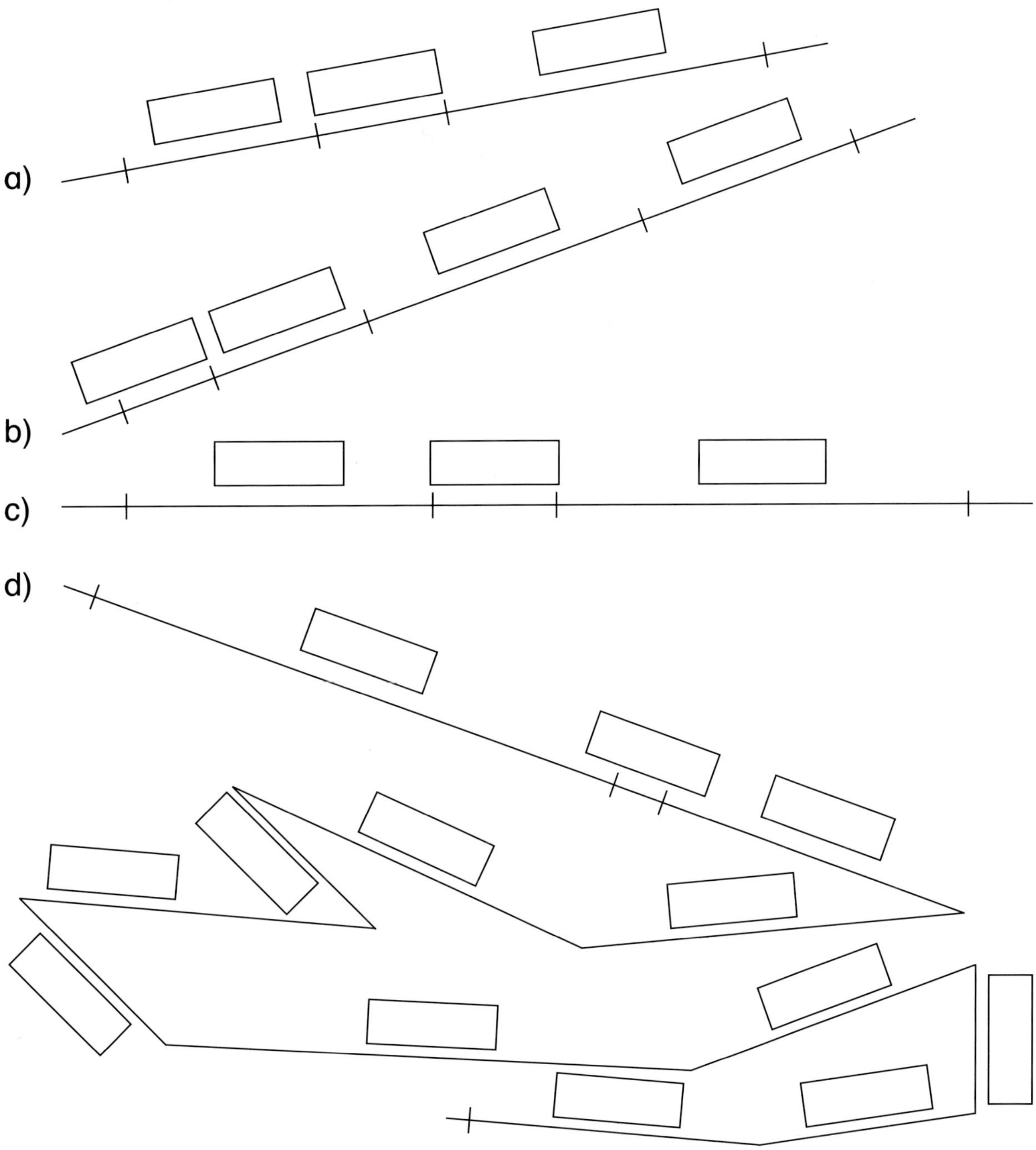

Lösungskontrolle:
a) insgesamt 10 cm
b) insgesamt 12 cm
c) insgesamt 13 cm
d) insgesamt 61 cm

Persen® Bergedorfer®
Best.-Nr. 2331

Streifen messen

Miss die Länge der Streifen.
Trage deine Ergebnisse in die Tabelle ein!

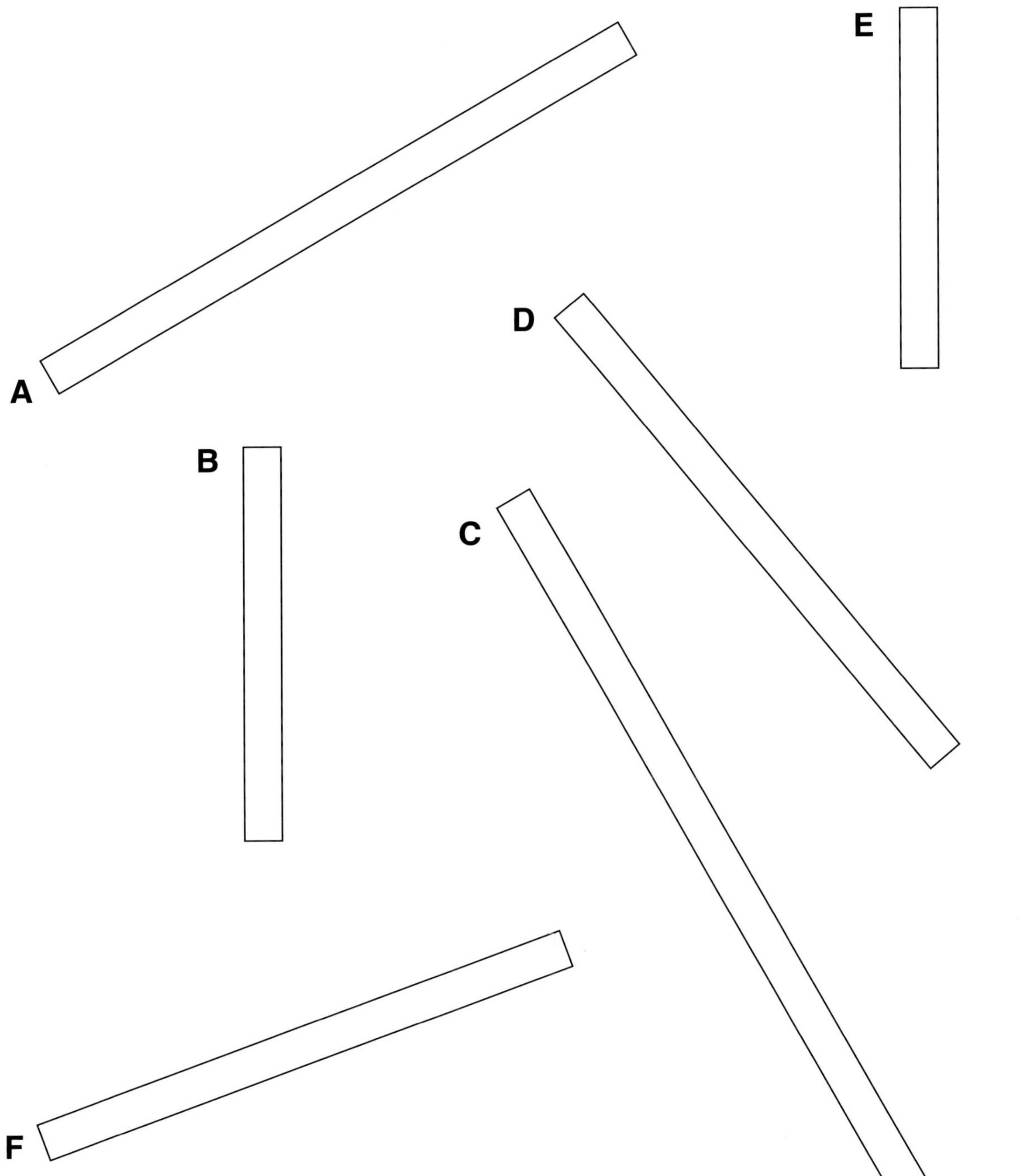

A	B	C	D	E	F

Persen® Bergedorfer®
Best.-Nr. 2331

Wege messen

Miss die Länge der Wege.
Verbinde dazu die Mittelpunkte der Kreuze.
Trage deine Ergebnisse in die Tabelle ein!

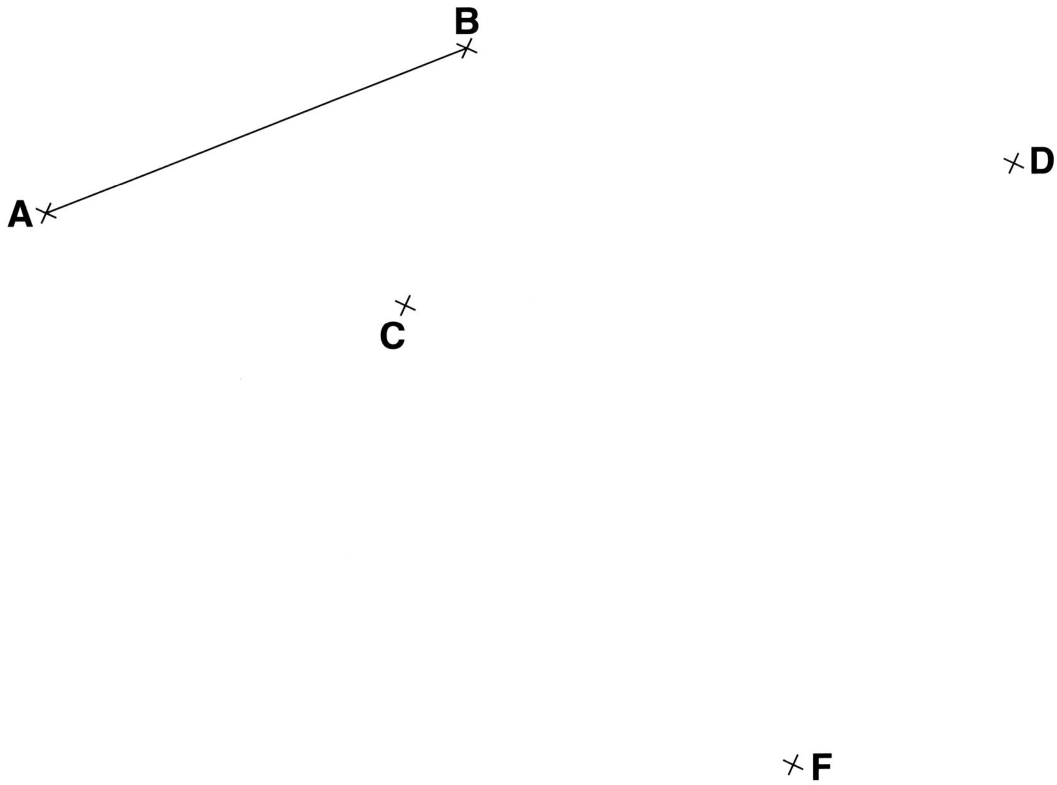

	A	B	C	D	E	F
A						
B						
C						
D						
E						
F						

Bd. 273. Inge Buggenthin: Einführung in die Arbeit mit Geodreieck und Zirkel – ab 4. Schuljahr

Bergedorfer®
Best.-Nr. 2331

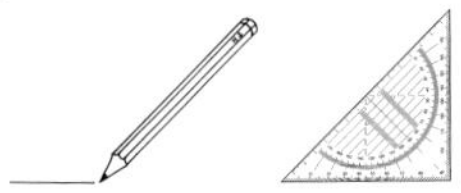

Strecken zeichnen I

Strecken haben einen Anfang und ein Ende.

Zeichne zuerst eine lange Linie, auf der du dann die Abmessungen markierst. Verwende einen spitzen, harten Bleistift.
Überlege, wie du die langen Strecken mit dem Geodreieck abmessen kannst.
Zeichne mit dem Geodreieck Strecken:

a) 3 cm
b) 5 cm
c) 7 cm
d) 11 cm
e) 15 cm
f) 4,3 cm
g) 7,6 cm
h) 9,1 cm
i) 13,8 cm
j) 17,5 cm

Bd. 273. Inge Buggenthin: Einführung in die Arbeit mit Geodreieck und Zirkel – ab 4. Schuljahr

Persen® Bergedorfer®
Best.-Nr. 2331

Strecken zeichnen II

Verlängere die Geraden.
Zeichne die Strecken ein:

a) 3 cm	d) 6,9 cm
b) 4 cm	e) 9,3 cm
c) 2,9 cm	f) 11,8 cm

a)

b)

c)

d)

e)

f)

Bd. 273. Inge Buggenthin: Einführung in die Arbeit mit Geodreieck und Zirkel – ab 4. Schuljahr

Persen® Bergedorfer®
Best.-Nr. 2331

Geodreieck und Parallelen

Parallelen sind Linien mit gleichem Abstand.
Der Zwischenraum bleibt immer gleich weit;
sie schneiden sich in deiner Zeichnung nie!

a) Male diejenige Skala des Lineals blau an, mit der du Parallelen messen kannst.

b) Ergänze die fehlenden Zahlen an der Skala.

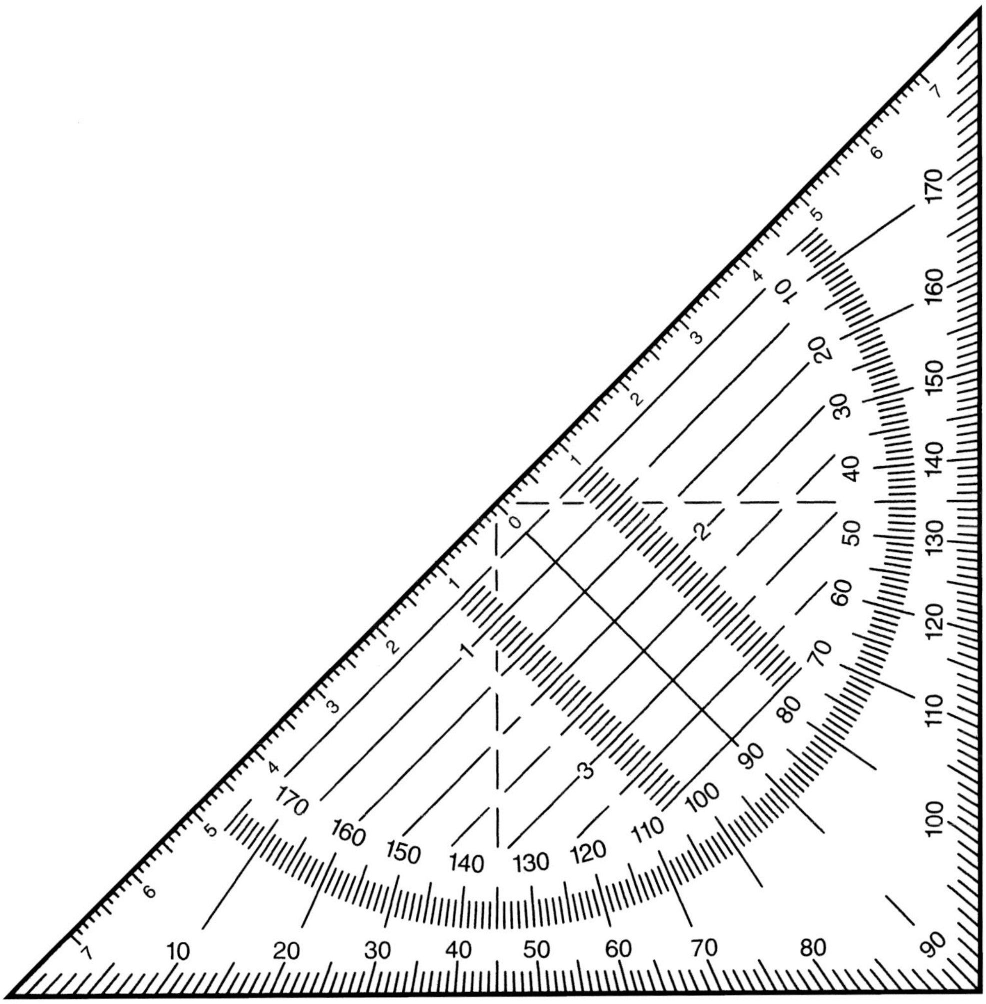

Persen® Bergedorfer®
Best.-Nr. 2331

Parallelen erkennen

Miss an je 2 Stellen nach, ob die Linien parallel sind.
Streiche Linien, die nicht parallel verlaufen, durch!

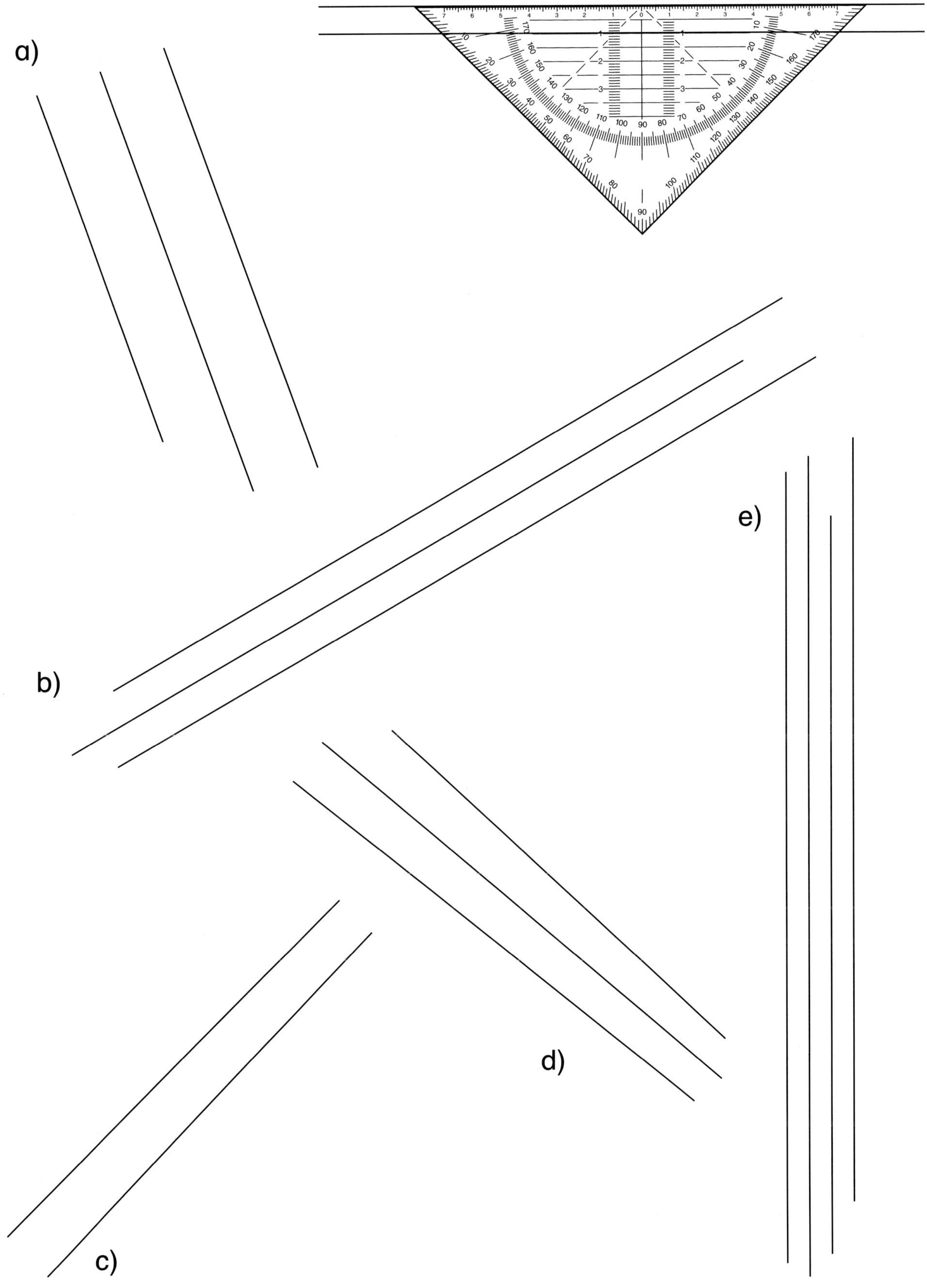

Bd. 273. Inge Buggenthin: Einführung in die Arbeit mit Geodreieck und Zirkel – ab 4. Schuljahr

Persen® Bergedorfer®
Best.-Nr. 2331

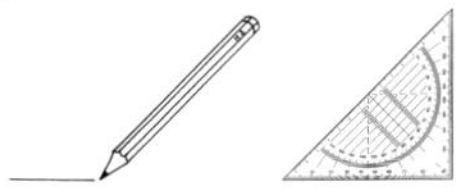

Parallelen zeichnen I

Zeichne je 2 Parallelen im Abstand von:

a) 0,5 cm
b) 1,0 cm
c) 1,3 cm
d) 1,7 cm
e) 2,1 cm
f) 2,8 cm

Benutze das Geodreieck gleichzeitig als Lineal und Messgerät, indem du den geforderten Abstand auf deine gezeichnete Linie legst.

Bd. 273. Inge Buggenthin: Einführung in die Arbeit mit Geodreieck und Zirkel – ab 4. Schuljahr

Persen® Bergedorfer®
Best.-Nr. 2331

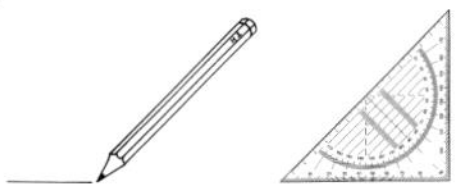

Parallelen zeichnen II

Zeichne
a) 2 parallele Geraden
b) 3 parallele Geraden
c) 5 parallele Geraden (Parallelenschar)
d) 7 parallele Geraden (Parallelenschar)

Persen® Bergedorfer®
Best.-Nr. 2331

Parallelen zeichnen III

Zeichne mehrere verschiedene Parallelenscharen aus 5 Parallelen in Schräglagen zueinander (wie in dem Beispiel).
Achte darauf, dass die Abstände der Parallelen immer gleich bleiben.
Aber jede Parallelenschar soll einen unterschiedlichen Abstand haben.

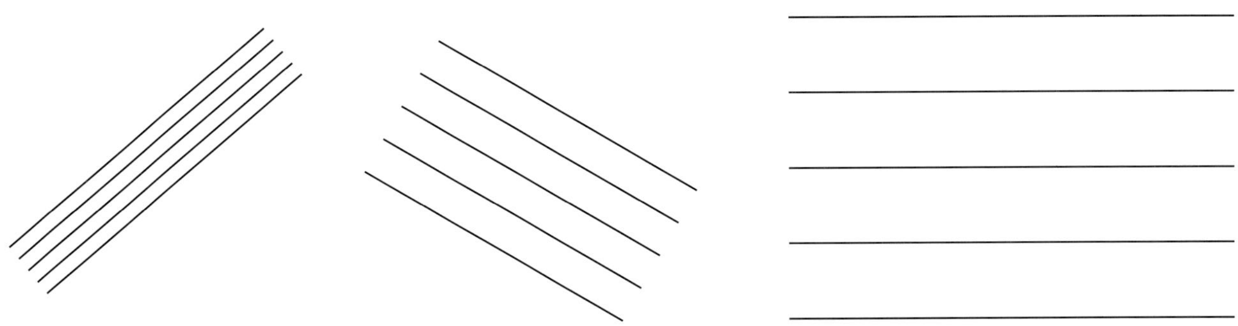

Bd. 273. Inge Buggenthin: Einführung in die Arbeit mit Geodreieck und Zirkel – ab 4. Schuljahr

Persen® Bergedorfer®
Best.-Nr. 2331

Eckige Gebiete schraffieren

Schraffiere die verschiedenen Gebiete mit Parallelen in unterschiedlichen Richtungen und Abständen, sodass man sie gut unterscheiden kann. Verwende nur das Geodreieck und den Bleistift.

Bergedorfer®
Best.-Nr. 2331

Eckige Gebiete schraffieren

Schraffiere die verschiedenen Gebiete mit Parallelen in unterschiedlichen Richtungen und Abständen, sodass man sie gut unterscheiden kann. Verwende nur das Geodreieck und den Bleistift.

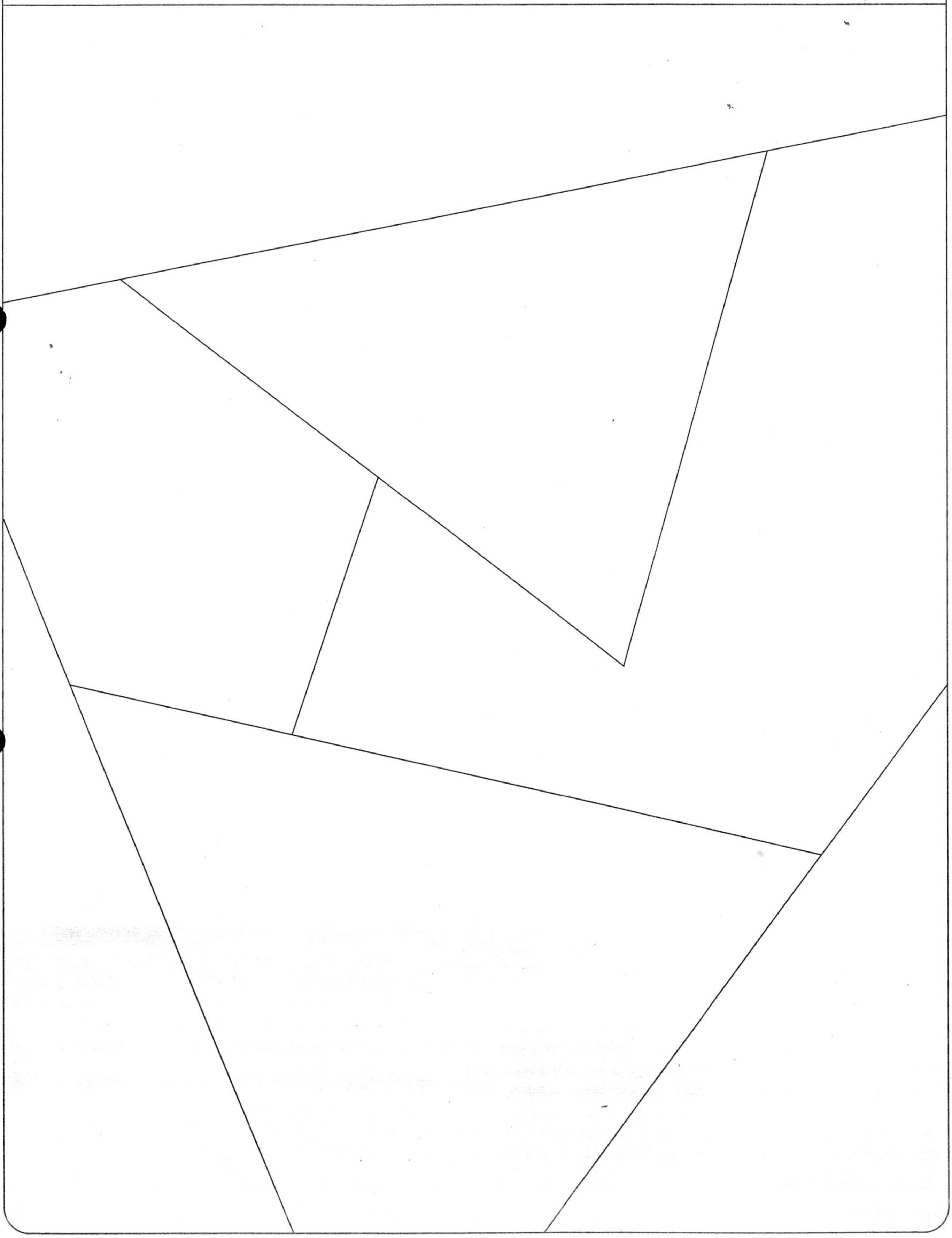

Persen® Bergedorfer®
Best.-Nr. 2331

Geschwungene Gebiete schraffieren

Schraffiere die verschiedenen Gebiete mit Parallelen in unterschiedlichen Richtungen und Abständen, sodass man sie gut unterscheiden kann.
Verwende nur das Geodreieck und den Bleistift!
Überlege vorher, wie du jeweils die erste Gerade möglichst lang zeichnen kannst.

Persen® Bergedorfer®
Best.-Nr. 2331

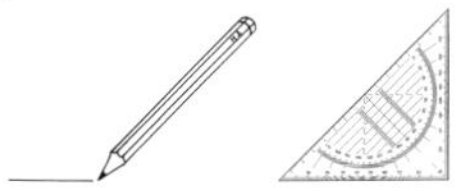

Senkrechte

Mit dem Geodreieck kann man schnell und einfach eine **Senkrechte** auf einer Linie bestimmen und zeichnen.
Zeichne dazu eine Gerade von mehreren Zentimetern Länge. Lege die Mittellinie des Geodreiecks auf deine Gerade und zeichne eine Linie an der Linealseite des Geodreiecks.

Zeichne die Strecken
mit je einer Senkrechten darauf:

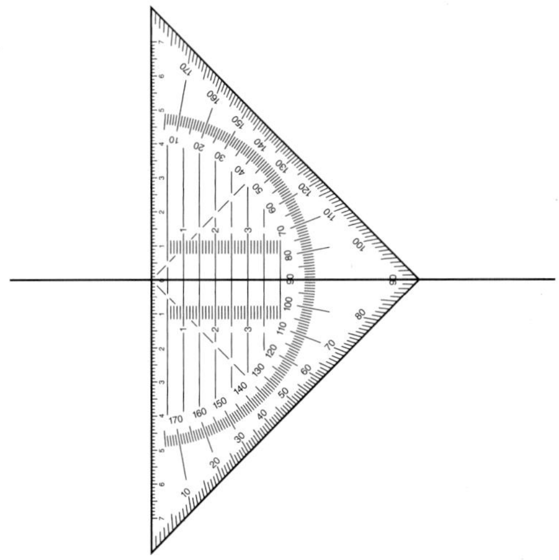

a) 8 cm
b) 11 cm
c) 5,9 cm
d) 7,5 cm
e) 9,8 cm
f) 14,6 cm

Bd. 273. Inge Buggenthin: Einführung in die Arbeit mit Geodreieck und Zirkel – ab 4. Schuljahr

Persen® Bergedorfer®
Best.-Nr. 2331

Mittelpunkt finden

Zeichne eine Gerade und markiere darauf eine beliebige Strecke mit Anfangs- und Endpunkt.
Um den Mittelpunkt zeichnerisch zu finden, lege das Geodreieck mit der Linealseite so an deine Strecke, dass sich zu beiden Seiten des Nullpunktes gleich lange Strecken befinden.
Markiere nun den Mittelpunkt mit einem Bleistiftstrich.

Zeichne die Strecken und finde den Mittelpunkt:

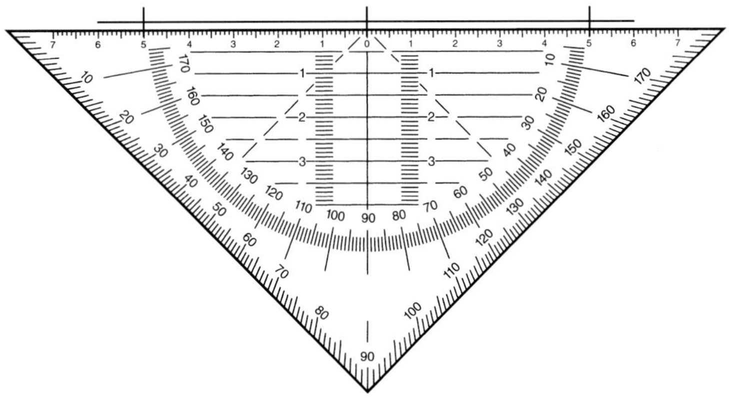

a) 5,8 cm
b) 7,6 cm
c) 10,2 cm
d) 11,4 cm
e) 12,8 cm
f) 13,0 cm

Persen® Bergedorfer®
Best.-Nr. 2331

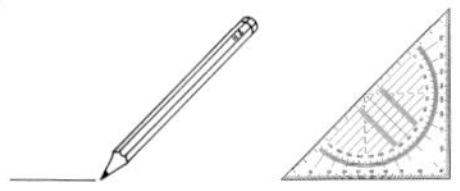

Winkel messen

Winkel kennzeichnen die Teilstücke eines Kreises, wie z. B. Tortenstücke. Sie haben zwei „Arme" – **Schenkel** genannt. Der Winkel ist der Zwischenraum zwischen den ausgebreiteten Armen/Schenkeln.
Mit den Seiten des Geodreiecks kann man die Winkel messen.
Die Maßeinheit nennt man **Grad**. Das Zeichen dafür ist °.
Zum Messen legst du die Linealseite des Geodreiecks auf einen Schenkel des Winkels und liest bei dem anderen Schenkel die Gradzahl ab.
Im Beispiel sind es 30° (Grad).

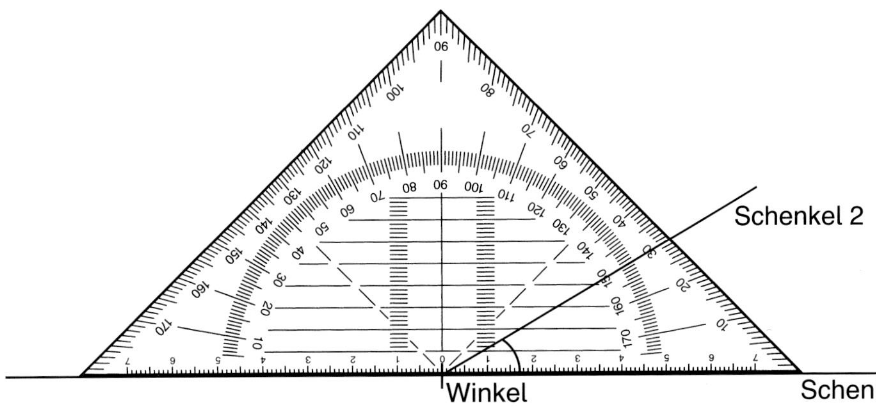

Miss die gezeichneten Winkel nach.
Trage die richtigen Winkel ein: 38°, 55°, 57°, 75°, 81°, 110°, 136°, 150°, 185°.

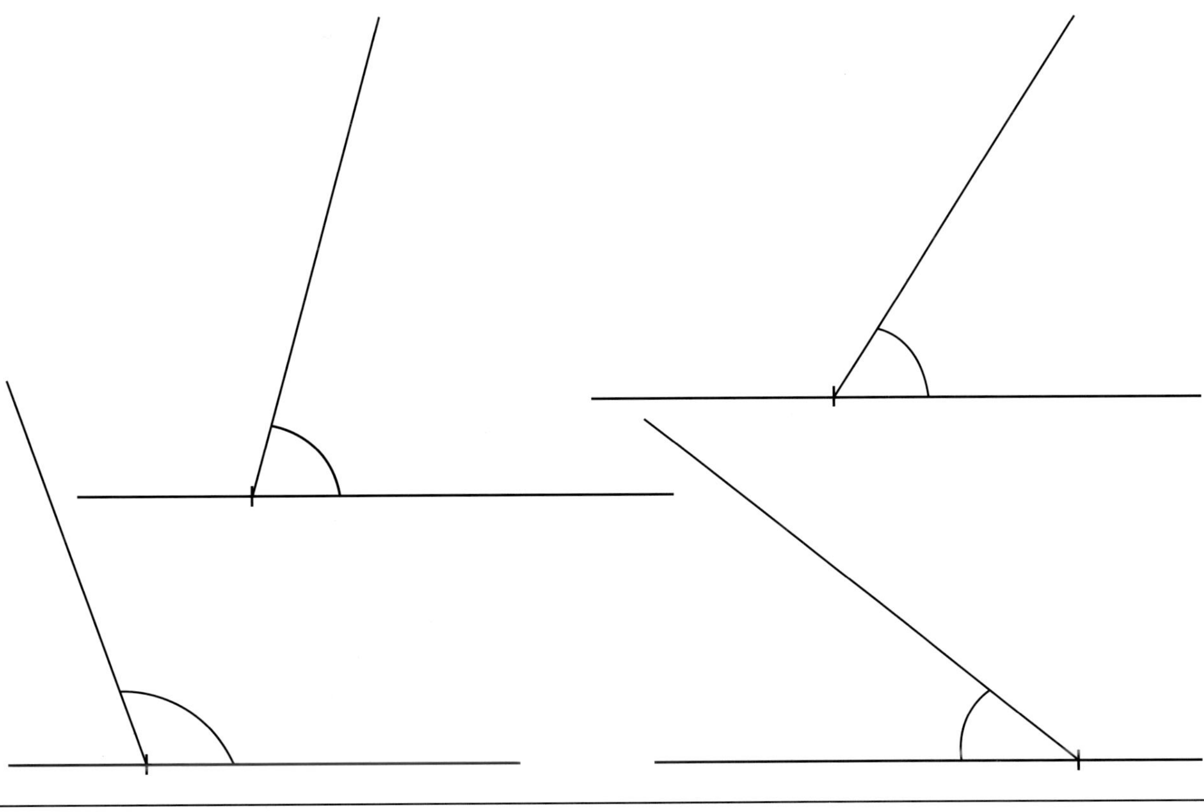

Persen® Bergedorfer®
Best.-Nr. 2331

Winkel zeichnen

Zeichne eine Gerade und markiere darauf einen Punkt als Scheitelpunkt des Winkels. Diese Gerade ist der eine Schenkel des Winkels.
Lege nun das Geodreieck (wie in der Abbildung) mit dem Nullpunkt im Scheitelpunkt auf deine Gerade und suche auf der Gradskala des Geodreiecks die jeweilige Gradzahl für den Winkel.
Markiere sie mit einem Bleistiftpunkt und verbinde diesen Punkt mit dem Scheitelpunkt.

Zeichne die Winkel:

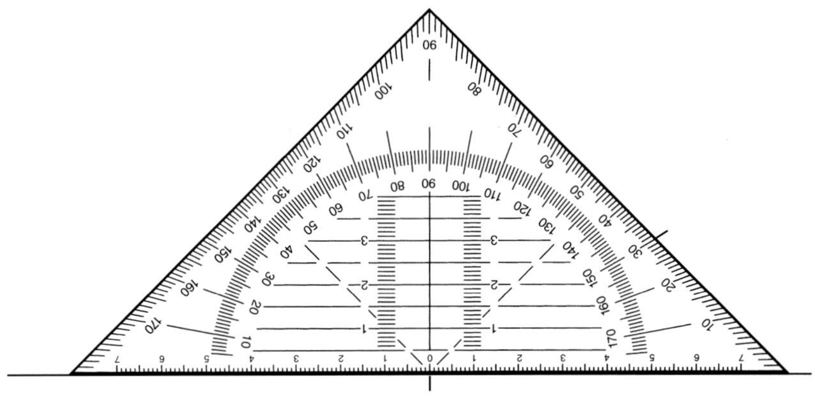

a) 40°
b) 60°
c) 85°
d) 110°
e) 138°
f) 156°
g) 175°
h) 200°

Bd. 273. Inge Buggenthin: Einführung in die Arbeit mit Geodreieck und Zirkel – ab 4. Schuljahr

Persen® Bergedorfer®
Best.-Nr. 2331

Spitze Winkel (schnelle Form)

Alle spitzen Winkel sind kleiner als 90°.

Zeichne eine Gerade und markiere einen Punkt am Ende der Geraden. Dieses sind der erste Schenkel und der Scheitelpunkt des Winkels. Lege den Nullpunkt des Geodreiecks auf die Markierung und drehe das Geodreieck so, bis die gewünschte Gradzahl auf deiner Geraden liegt. Zeichne dann an der Linealseite den zweiten Schenkel.

Zeichne die spitzen Winkel:

a) 25°
b) 45°
c) 60°
d) 72°
e) 80°
f) 87°

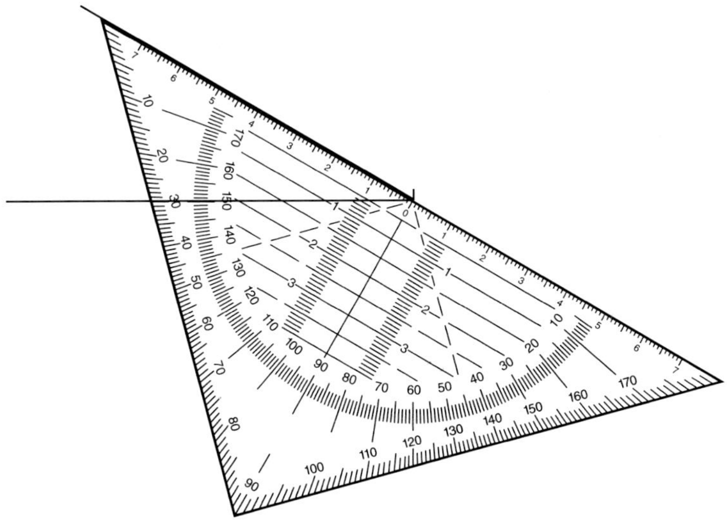

Bd. 273. Inge Buggenthin: Einführung in die Arbeit mit Geodreieck und Zirkel – ab 4. Schuljahr

Persen® Bergedorfer®
Best.-Nr. 2331

Der rechte Winkel ist ein besonderer Winkel. Er hat immer 90°.

Egal in welche Richtung der rechte Winkel zeigt, er behält immer seinen Namen, auch wenn er nach oben, unten oder nach links ausgerichtet ist.
Es gibt keine linken Winkel!
Ein Bogen mit Punkt kennzeichnet den rechten Winkel.

Zeichne rechte Winkel,
deren Schenkel nach

a) rechts oben
b) links oben
c) rechts unten
d) links unten

geöffnet sind.

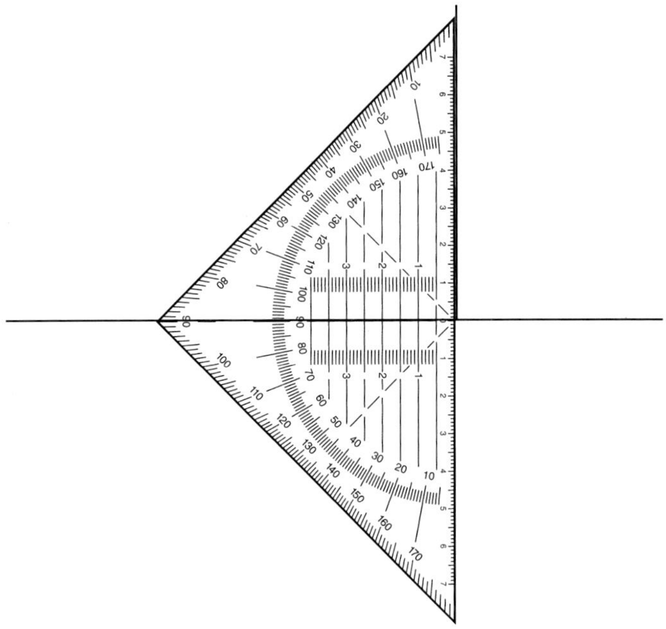

Bd. 273. Inge Buggenthin: Einführung in die Arbeit mit Geodreieck und Zirkel – ab 4. Schuljahr

Persen® Bergedorfer®
Best.-Nr. 2331

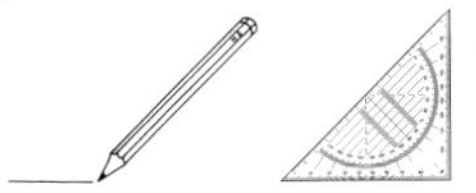

Stumpfe Winkel

Winkel zwischen 90° und 180° heißen stumpfe Winkel.

Bei den stumpfen Winkeln sind die beiden Schenkel weit geöffnet. Wenn man sie messen will, muss man – im meist farbig markierten Innenkreis des Geodreiecks – über 90 Grad hinausmessen oder man legt den Differenz-Winkel zu 180° unter den ersten Schenkel.

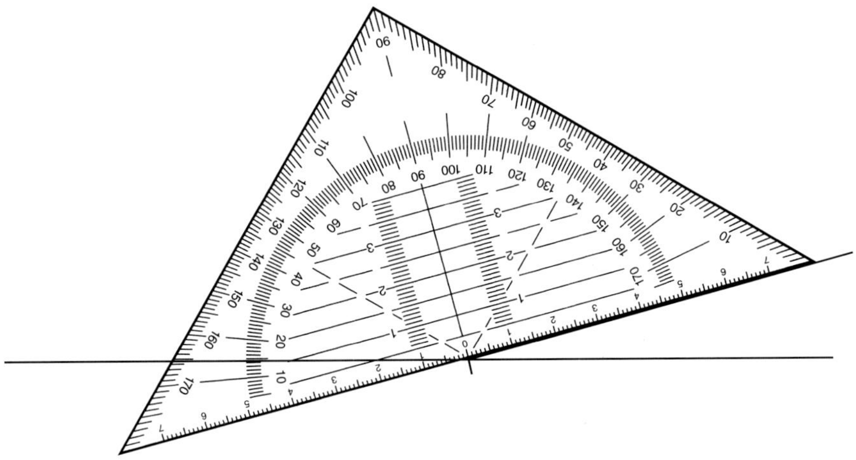

a) Miss folgende Winkel nach und trage ihre Größe ein.
b) Zeichne im Heft Winkel von: 110°, 125°, 137°, 144°, 156°, 165°.

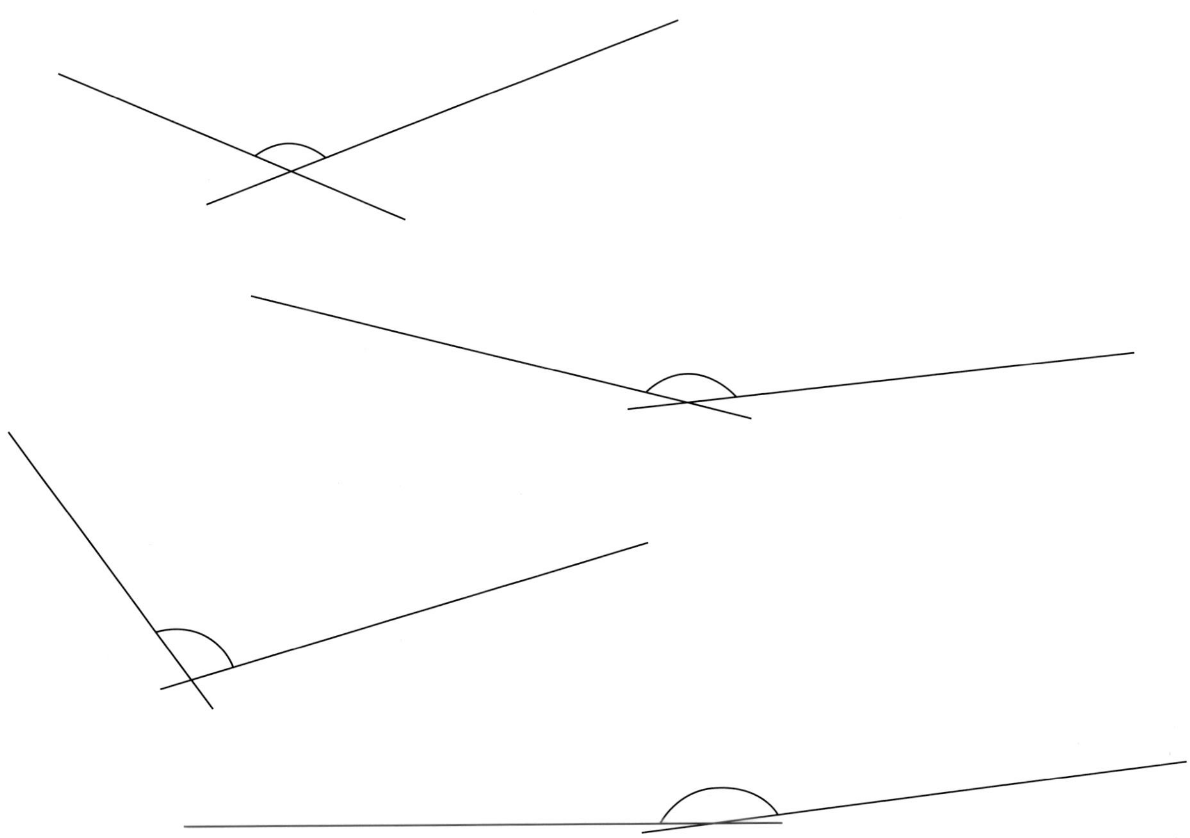

Bergedorfer®
Best.-Nr. 2331

Gestreckte Winkel

Den Winkel von 180° nennt man einen gestreckten Winkel.
Zwei gestreckte Winkel ergeben einen vollen Kreis: also 2x180°=360°.

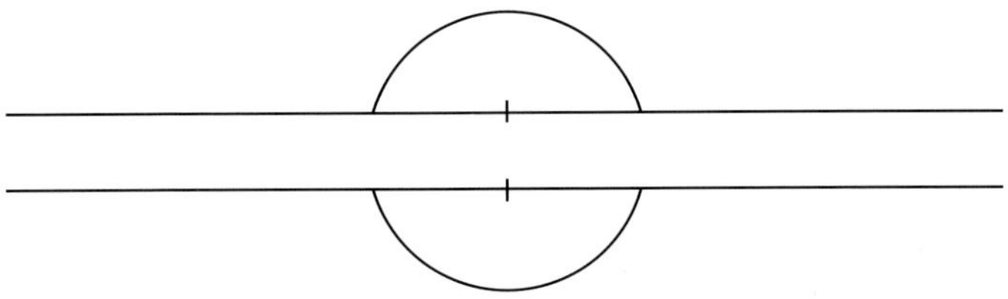

Zeichne eine Gerade und markiere darauf ungefähr in der Mitte einen Punkt.
Zeichne den Bogen ein, der den gestreckten Winkel kennzeichnet.
Zeichne 9 weitere Geraden in verschiedener Lage und trage den gestreckten Winkel ein.

Persen® Bergedorfer®
Best.-Nr. 2331

Sonnenstrahlen

Zeichne 6 gestreckte Winkel als Horizontlinien.

Zeichne dann Sonnenstrahlen
ab der Horizontlinie im Winkel von:

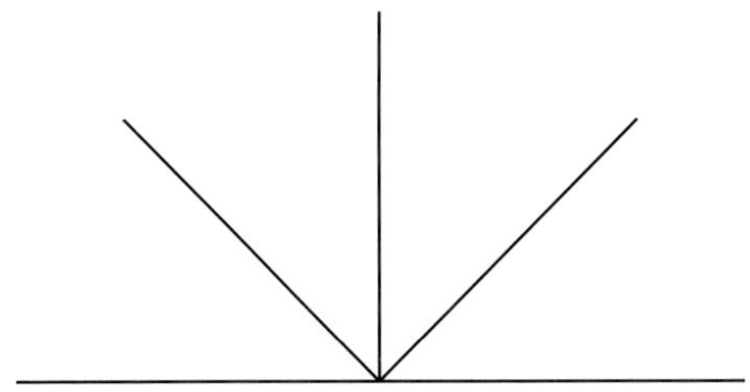

a) 60° c) 30° e) 15°
b) 45° d) 20° f) 10°

Bd. 273. Inge Buggenthin: Einführung in die Arbeit mit Geodreieck und Zirkel – ab 4. Schuljahr

Bergedorfer®
Best.-Nr. 2331

Überstumpfe Winkel

Überstumpfe Winkel heißen alle Winkel über 180°.

Beim Konstruieren eines überstumpfen Winkels zeichnet man eine Gerade und den Scheitelpunkt des Winkels.
Dann trägt man die Differenz zwischen dem gewünschten Winkel und 360° als Winkel an und markiert mit einem Bogen den gestreckten Winkel plus den Restwinkel. Dies ist der überstumpfe Winkel.

Zeichne die überstumpfen Winkel von:

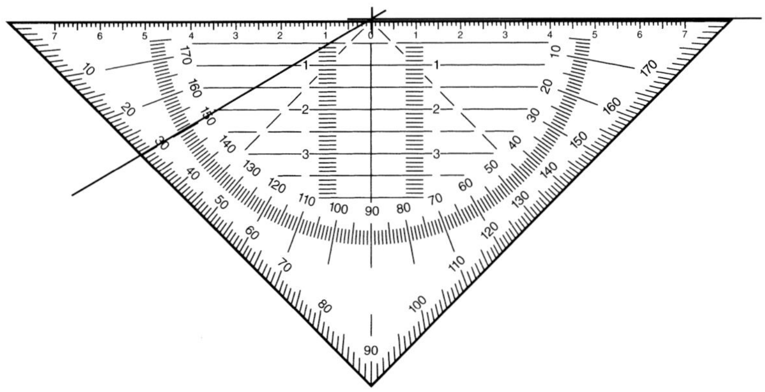

a) 195°
b) 210°
c) 225°
d) 278°
e) 312°
f) 333°

Zeichne 10 beliebige Quadrate, die sich überschneiden.
Ergänze dabei die unvollständigen Quadrate.

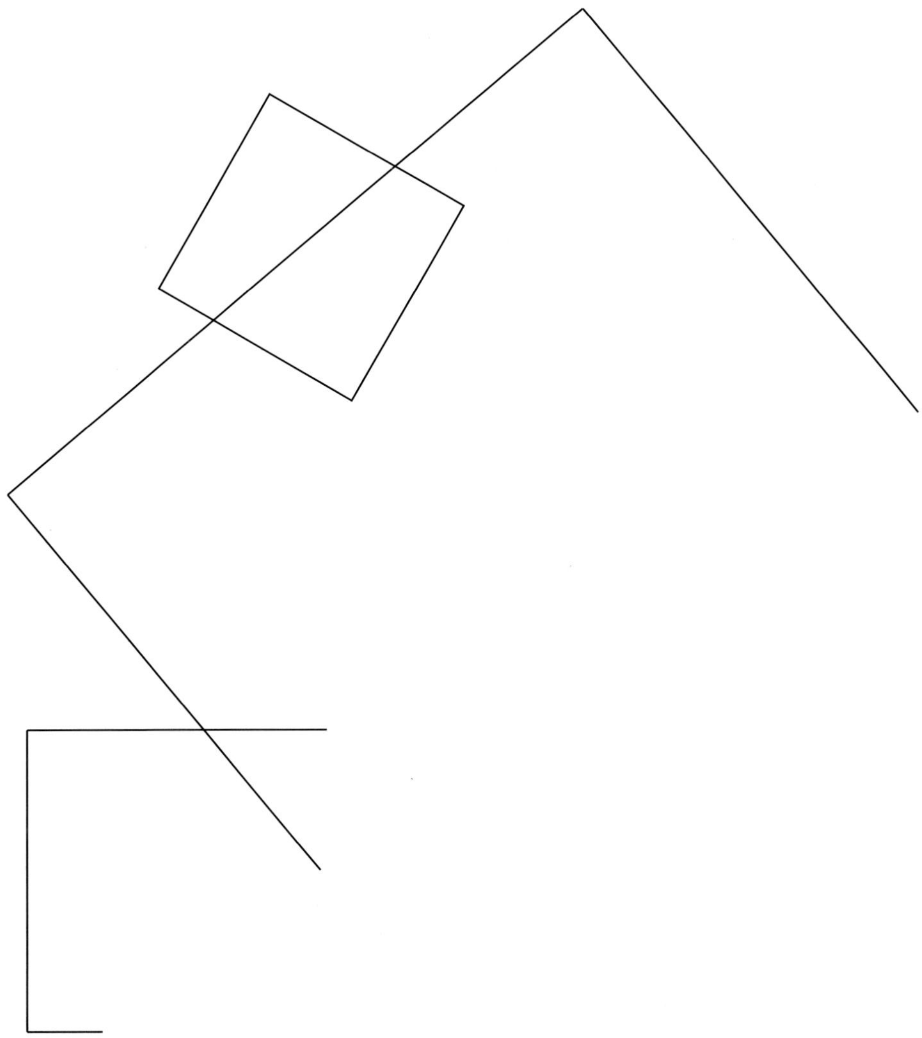

Persen® Bergedorfer®
Best.-Nr. 2331

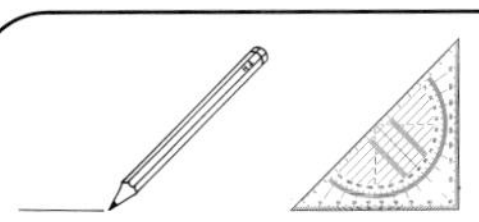

Rechtecke zeichnen I

Ein Rechteck ist ein rechtwinkliges Viereck, dessen gegenüberliegende Seiten gleich lang sind.

Zeichne Rechtecke mit den Seitenlängen:

a) 2 cm/4 cm
b) 3 cm/5 cm
c) 4 cm/7,5 cm
d) 5 cm/1 cm
e) 6 cm/2,5 cm
f) 10 cm/3,8 cm

Bd. 273. Inge Buggenthin: Einführung in die Arbeit mit Geodreieck und Zirkel – ab 4. Schuljahr

Persen® Bergedorfer®
Best.-Nr. 2331

Rechtecke zeichnen II

Zeichne 10 beliebige Rechtecke, die sich überschneiden.
Ergänze dabei die unvollständigen Rechtecke.

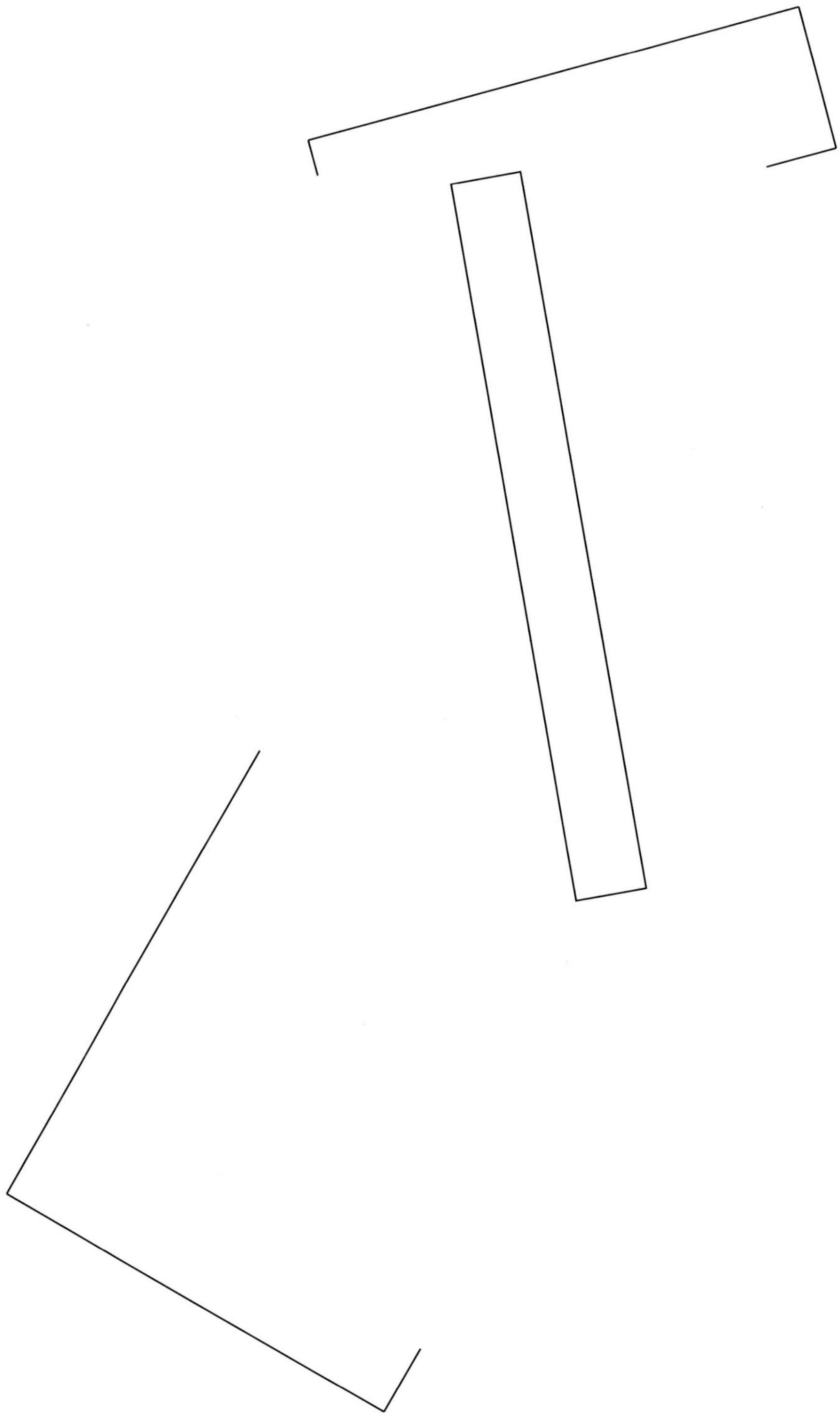

Bd. 273. Inge Buggenthin: Einführung in die Arbeit mit Geodreieck und Zirkel – ab 4. Schuljahr

Persen® Bergedorfer®
Best.-Nr. 2331

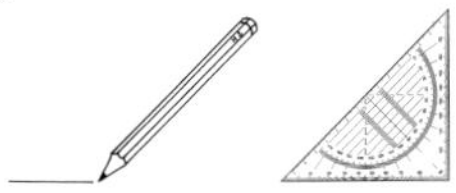

Dreiecke zeichnen I

Zeichne eine Gerade und markiere darauf eine Strecke.
Zeichne in beide Endpunkte einen beliebigen spitzen Winkel.
Verlängere die Schenkel, bis sie sich schneiden.
Du hast ein Dreieck erhalten.

Miss alle drei Winkel nach und addiere sie.

Vervollständige den Merksatz:

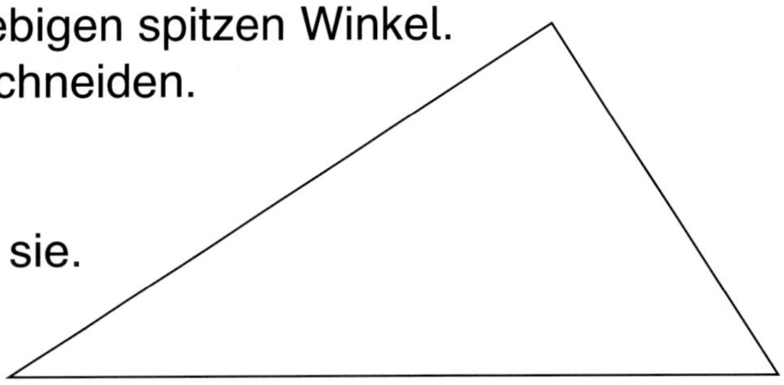

Alle Winkel im Dreieck haben zusammen .... Grad.

Bergedorfer® Best.-Nr. 2331

Dreiecke zeichnen II

Zeichne 5 Dreiecke mit folgenden Winkeln in zwei Eckpunkten:
a) 60°
b) 45°
c) einmal 30° und einmal 80°
d) einmal 48° und einmal 90°
e) einmal 71° und einmal 49°

Addiere jeweils alle Winkel eines Dreiecks.

Vervollständige den Merksatz:

Die Winkelsumme im Dreieck beträgt immer ....

Persen® Bergedorfer®
Best.-Nr. 2331

Dreiecke zeichnen III

32

Zeichne 10 beliebige Dreiecke, die sich überschneiden.
Ergänze dabei die unvollständigen Dreiecke.

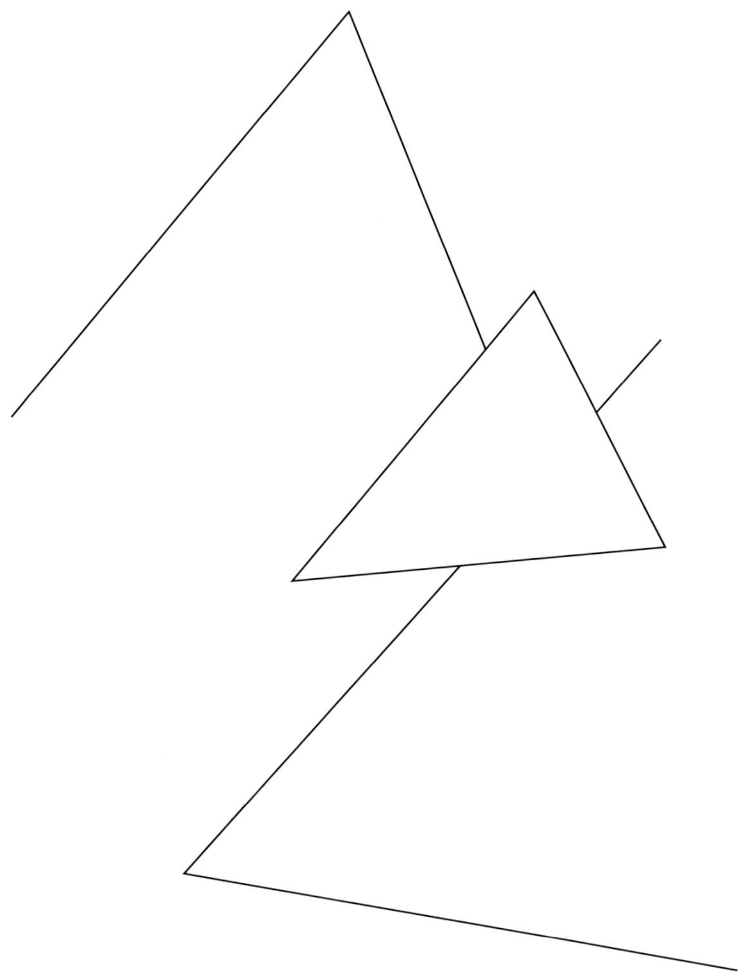

Bd. 273. Inge Buggenthin: Einführung in die Arbeit mit Geodreieck und Zirkel – ab 4. Schuljahr

Persen® Bergedorfer®
Best.-Nr. 2331

Schichtenmodell

Ergänze diese Zeichnung. Sie soll aus je 5 beliebigen Quadraten, Rechtecken und Dreiecken bestehen, die sich alle überschneiden (insgesamt 15 Figuren).
Entscheide, welche Figuren oben liegen sollen, und radiere fremde Linien vorsichtig aus. Male sie an.
Entscheide dann, wie die anderen Figuren übereinander liegen.
Male zum Schluss die sichtbaren Teile mit verschiedenen Farben so an, dass gleiche Farben nicht aneinander stoßen.

Persen® Bergedorfer®
Best.-Nr. 2331

Quadrate im Schichtenmodell

Zeichne ein beliebiges Quadrat, das oben liegen soll. Ergänze 9 andere Quadrate, die darunter liegen sollen. Zeichne möglichst so, dass du später keine Hilfslinien wegradieren musst.

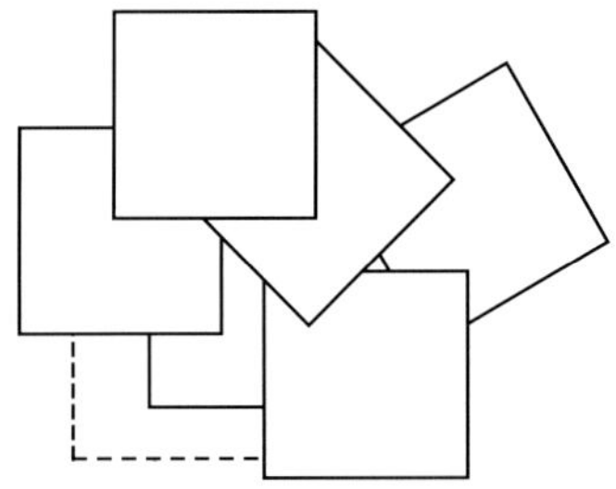

Persen® Bergedorfer®
Best.-Nr. 2331

Rechtecke im Schichtenmodell

Zeichne ein beliebiges Rechteck, das oben liegen soll. Ergänze 9 andere Rechtecke, die darunter liegen sollen. Zeichne möglichst so, dass du später keine Hilfslinien wegradieren musst.

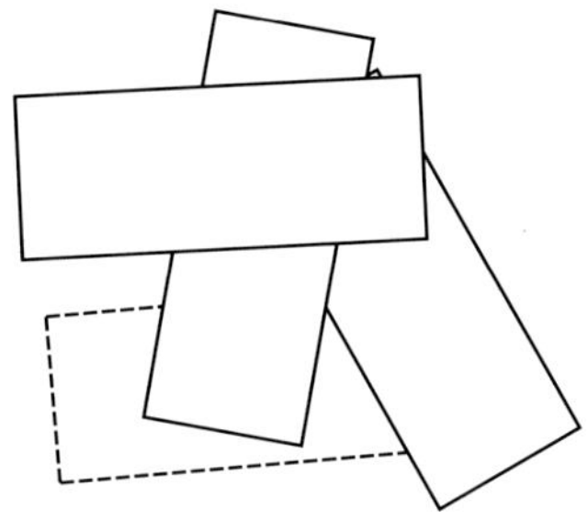

Bergedorfer®
Best.-Nr. 2331

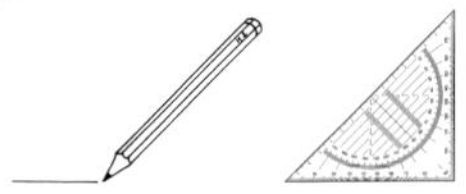

Dreiecke im Schichtenmodell

Zeichne ein beliebiges Dreieck, das oben liegen soll. Ergänze 9 andere Dreiecke, die darunter liegen sollen. Zeichne möglichst so, dass du später keine Hilfslinien wegradieren musst.

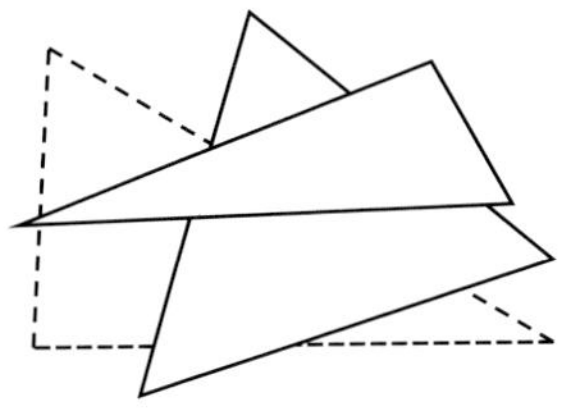

Bd. 273. Inge Buggenthin: Einführung in die Arbeit mit Geodreieck und Zirkel – ab 4. Schuljahr

Bergedorfer®
Best.-Nr. 2331

Mehrfachbelichtung: Quadrat

Ein Quadrat dreht sich im Kreis um einen Punkt.
Es wird dabei 7-mal fotografiert.
Zeichne ein Quadrat mit der Seitenlänge 5 cm.
Denke dir eine Ecke als Drehpunkt
und zeichne die 6 anderen Quadrate.

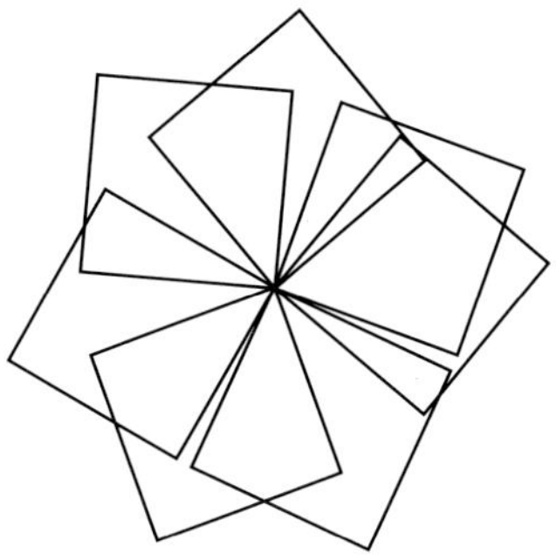

Bergedorfer® Best.-Nr. 2331

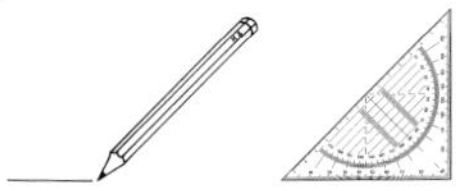

Mehrfachbelichtung: Rechteck

Ein Rechteck dreht sich im Kreis um einen Punkt.
Es wird dabei 7-mal fotografiert.
Zeichne ein beliebiges Rechteck.
Denke dir eine Ecke als Drehpunkt
und zeichne die 6 anderen Rechtecke.

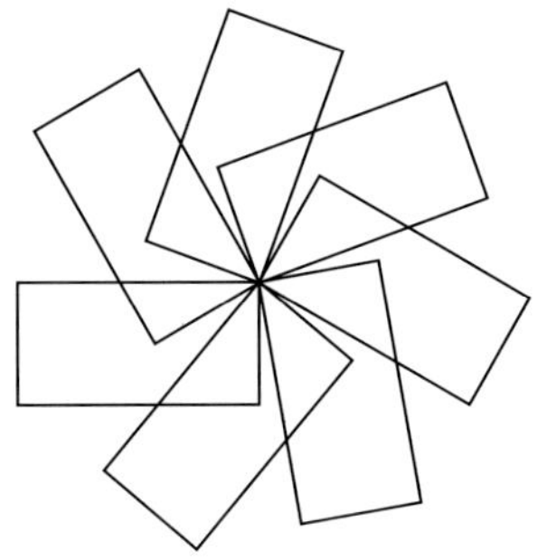

Bergedorfer®
Best.-Nr. 2331

Mehrfachbelichtung: Dreieck

Ein Dreieck dreht sich im Kreis um einen Punkt.
Es wird dabei 7-mal fotografiert.
Zeichne ein beliebiges Dreieck.
Denke dir eine Ecke als Drehpunkt
und zeichne die 6 anderen Dreiecke.

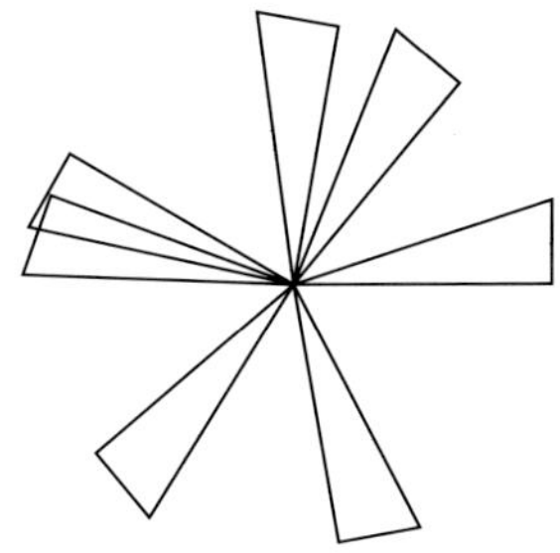

Bergedorfer®
Best.-Nr. 2331

Kreise

Den Abstand zwischen Mittelpunkt und Kreislinie nennt man Radius = r.

Stelle bei deinem Zirkel einen Abstand von 4 cm ein. Markiere mit Bleistift auf dem Papier einen Mittelpunkt (kleines Kreuz) und schlage den Kreis darum.
Zeichne mehrere Kreise mit unterschiedlichem Radius.
Übe so lange auf Zeichenpapier, bis die Kreise sauber und gleichmäßig aussehen.

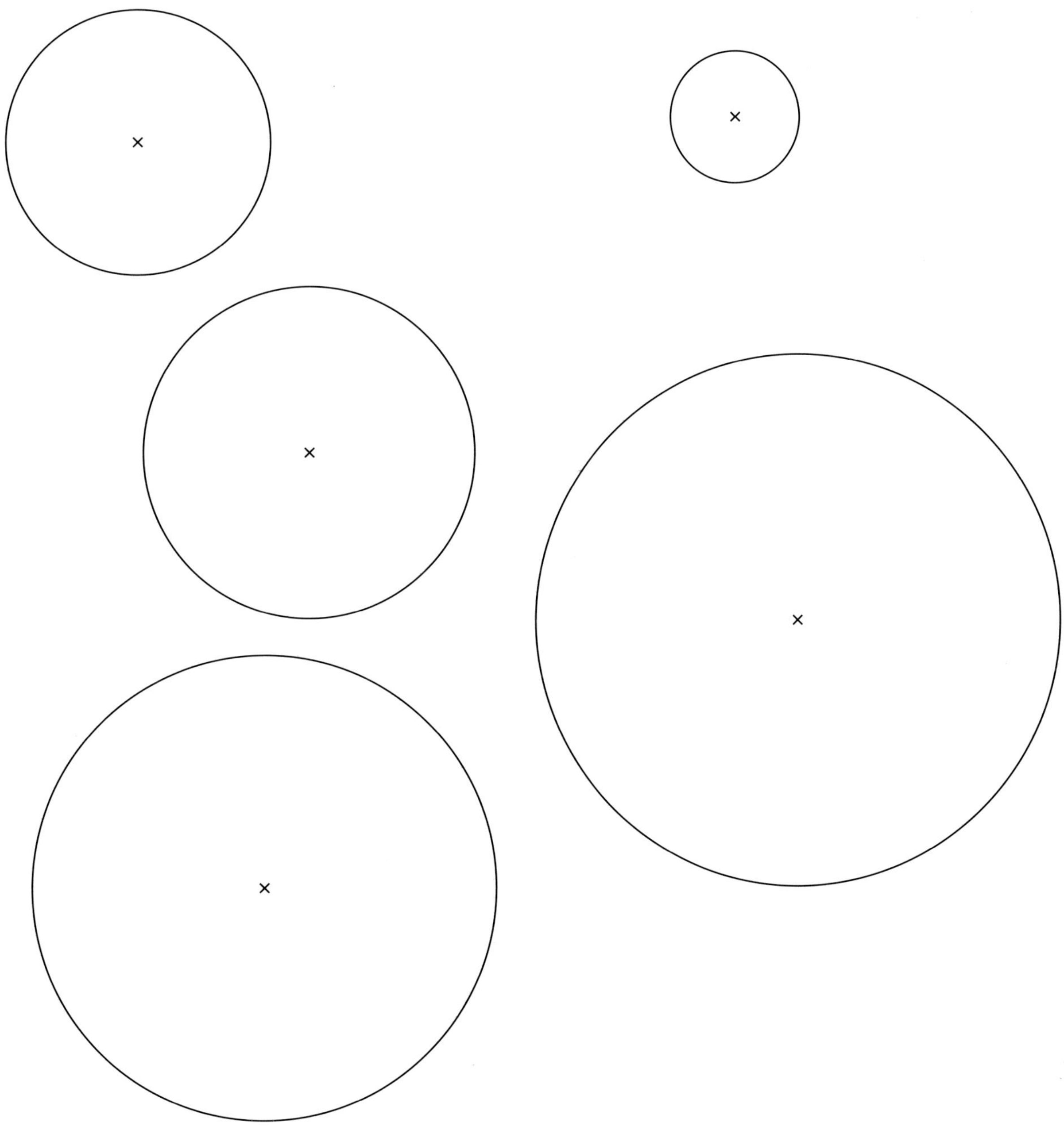

Bd. 273. Inge Buggenthin: Einführung in die Arbeit mit Geodreieck und Zirkel – ab 4. Schuljahr

Persen® Bergedorfer®
Best.-Nr. 2331

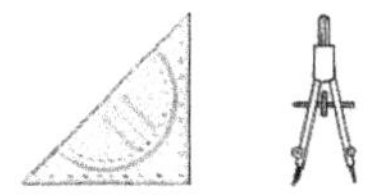

Zielscheibe

Zeichne einen Kreis mit r = 1 cm.
Zeichne mit gleichem Mittelpunkt Kreise darum, die jeweils einen 1 cm größeren Radius haben.
Übe so lange auf Zeichenpapier, bis deine Zeichnung der Vorlage gleicht.

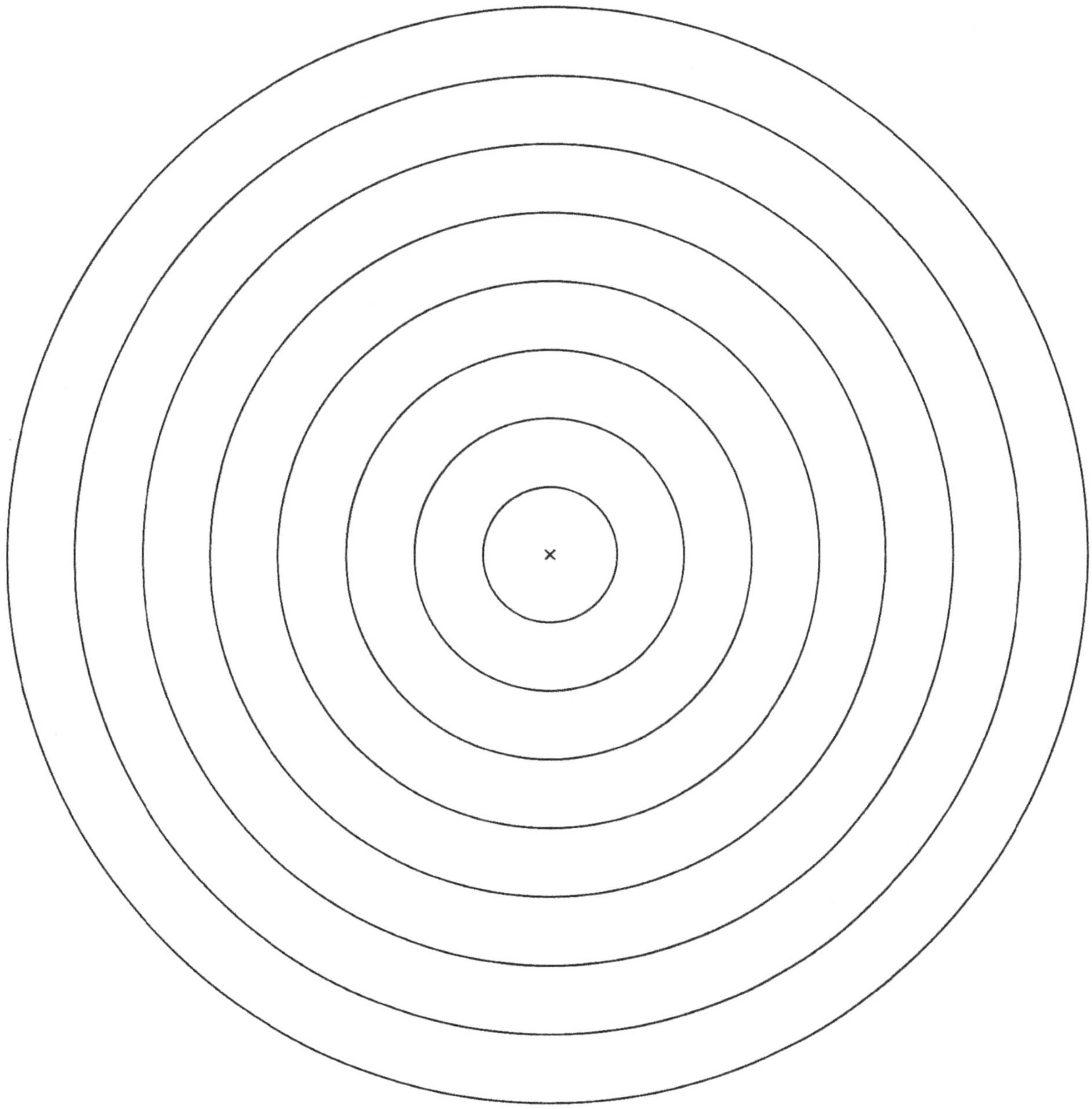

Jahresringe

Zeichne einen Kreis mit r = 4 cm.
Zeichne mit gleichem Mittelpunkt Ringe darum, die jeweils einen 0,5 cm größeren Radius haben.
Übe so lange auf Zeichenpapier, bis deine Zeichnung der Vorlage gleicht.

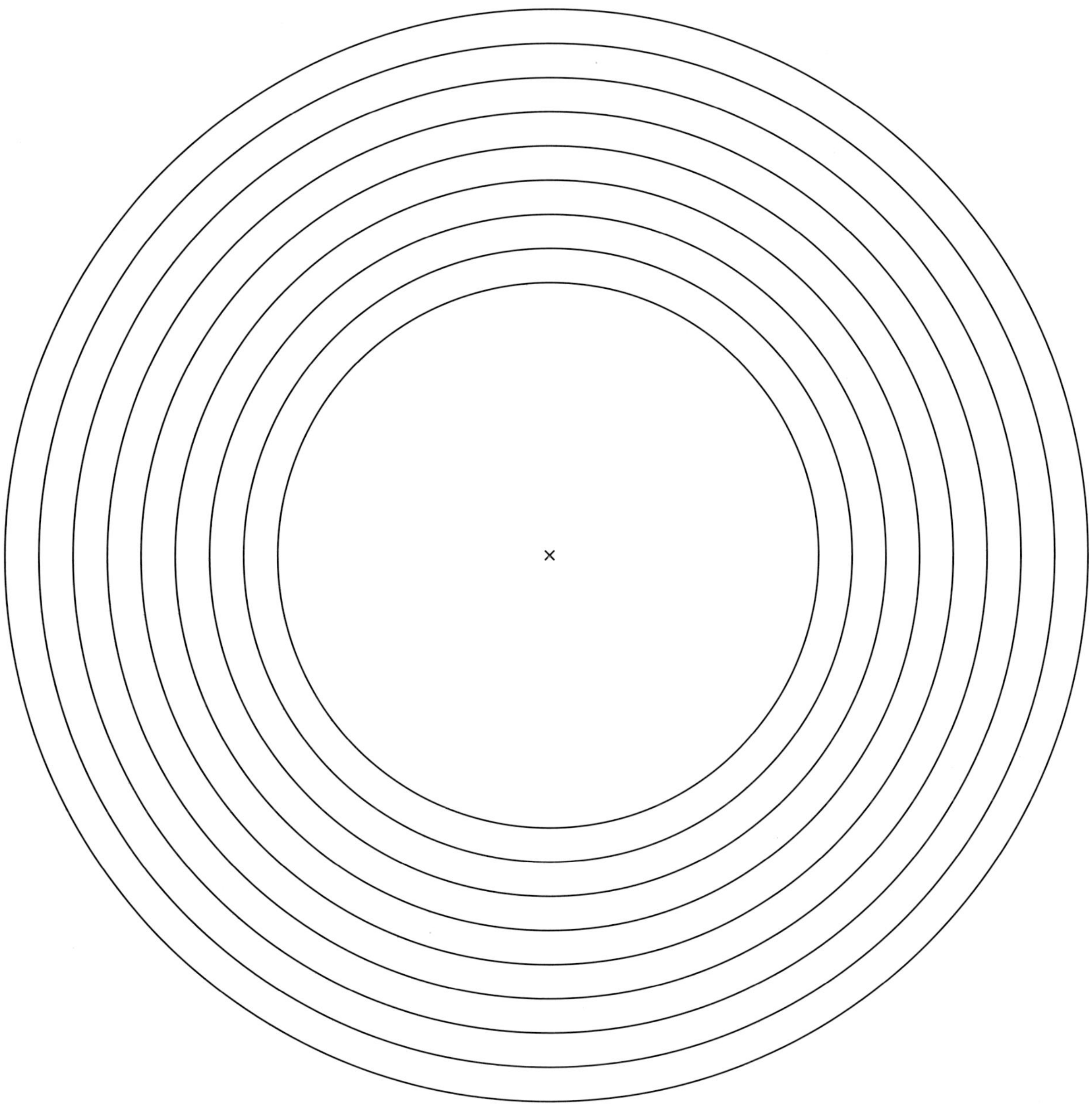

Bd. 273. Inge Buggenthin: Einführung in die Arbeit mit Geodreieck und Zirkel – ab 4. Schuljahr

Persen® Bergedorfer®
Best.-Nr. 2331

Kreisreihe

Ziehe mit dem Lineal eine dünne Hilfslinie.
Stich am Endpunkt in die Linie und zeichne einen Kreis mit r = 3 cm.
Stich in den Kreuzungspunkt von Kreis und Linie und zeichne den nächsten Kreis mit gleichem Radius. Fahre so fort, bis die Kreisreihe vollständig ist.
Übe so lange auf Zeichenpapier, bis deine Zeichnung der Vorlage gleicht.

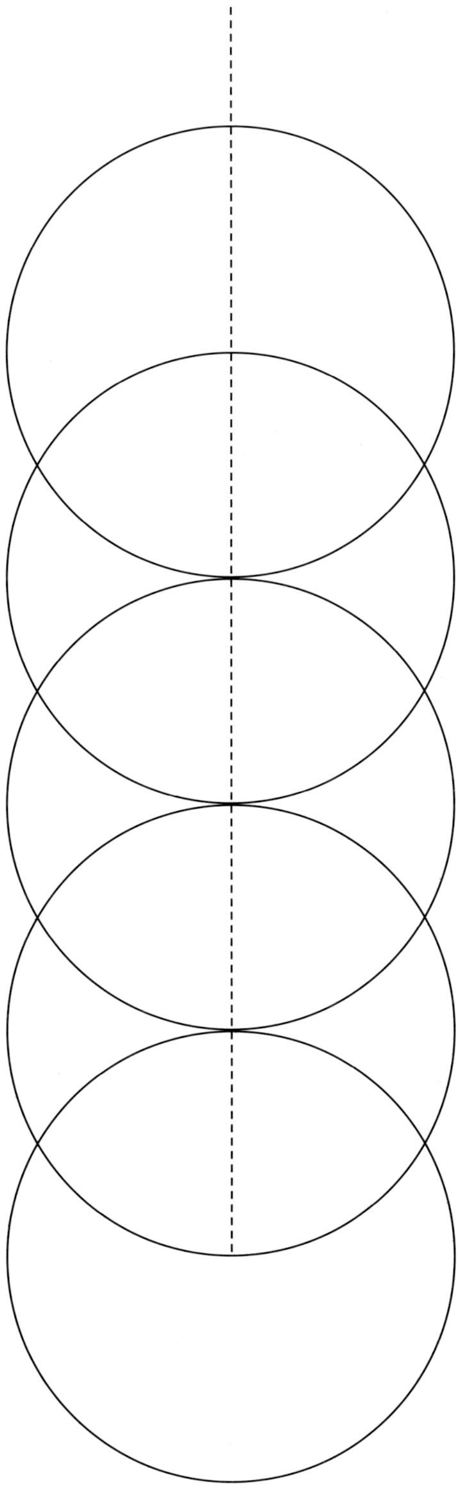

Persen® Bergedorfer®
Best.-Nr. 2331

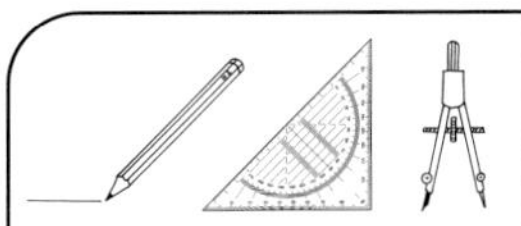

Versetzte Halbkreise

Ziehe mit dem Lineal eine Linie.
Stich 3 cm vor dem Ende der Linie ein und zeichne auf der einen Seite der Linie einen Halbkreis mit r = 3 cm. Stich in den Schnittpunkt von Kreis und Linie ein und zeichne nun einen Halbkreis auf der anderen Seite der Linie.
Zeichne versetzte Halbkreise, bis die Linie voll ist.
Übe so lange auf Zeichenpapier, bis deine Zeichnung der Vorlage gleicht.

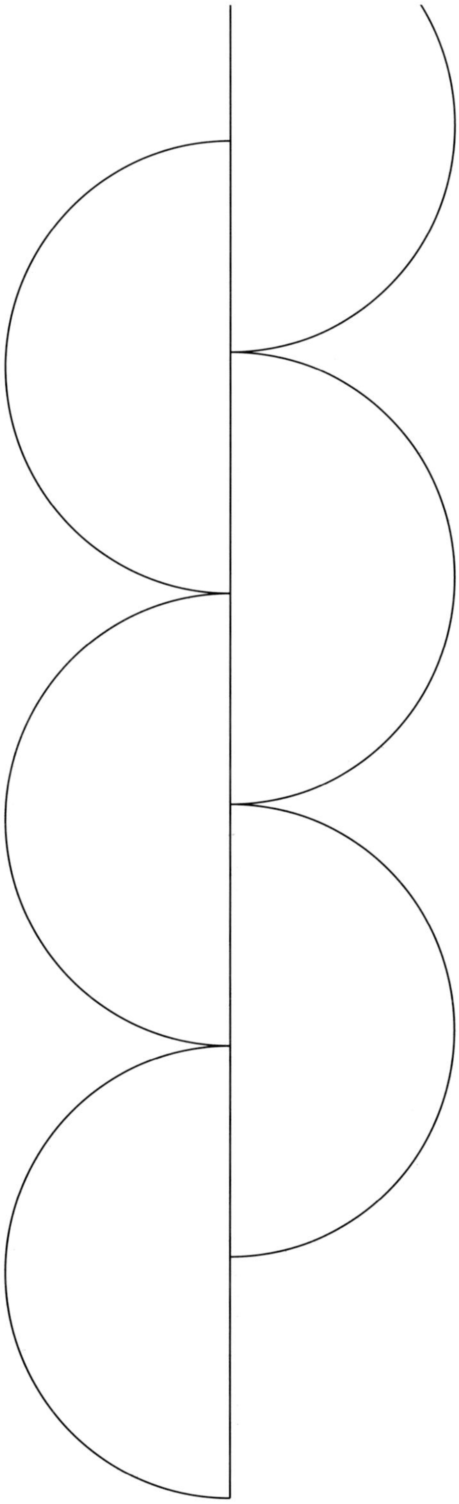

Persen® Bergedorfer®
Best.-Nr. 2331

Sechsblättrige Rosette

r = 4 cm

Zeichne mit dem Zirkel einen Kreis.
Verändere den Radius nicht.
Stich irgendwo auf der Kreislinie ein und zeichne innerhalb des Kreises einen Halbkreis.
Stich jeweils in die neuen Schnittpunkte auf der Kreislinie ein und zeichne weitere Halbkreise, bis sich die vollständige Rosette ergibt.
Achtung:
Die Rosette wird nur korrekt, wenn der Radius immer gleich bleibt!
Übe so lange auf Zeichenpapier, bis deine Zeichnung der Vorlage gleicht.

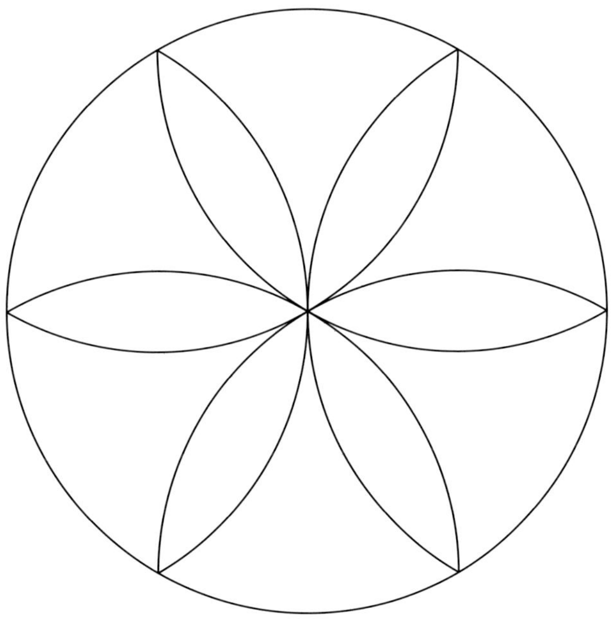

Sechsblättrige Rosette im Kreis

$r_1 = 4\,cm$
$r_2 = 2\,cm$

Zeichne einen großen Außenkreis.
Stich in den gleichen Mittelpunkt ein und zeichne einen kleinen Innenkreis.
Zeichne auf dem Innenkreis Rosetten, bis der große Kreis gefüllt ist.
Übe so lange auf Zeichenpapier, bis deine Zeichnung der Vorlage gleicht.

Viele sechsblättrige Rosetten im Kreis

$r_1 = 4\,cm$
$r_2 = 2\,cm$

Zeichne einen großen Außenkreis.
Stich in den gleichen Mittelpunkt ein und zeichne einen kleinen Innenkreis.
Zeichne auf dem Innenkreis und den kleinen Umrandungskreisen Rosetten, bis der gesamte große Kreis gefüllt ist.
Übe so lange auf Zeichenpapier, bis deine Zeichnung der Vorlage gleicht.

Persen® Bergedorfer®
Best.-Nr. 2331

Sechsblättrige Rosette im Netz

r = 4 cm

Zeichne mit dem Zirkel einen Kreis.
Verändere den Radius nicht.
Markiere irgendeinen Punkt auf der Kreislinie.
Stich dort ein und zeichne innerhalb des Kreises einen Halbkreis.
Stich jeweils in die neuen Schnittpunkte auf der Kreislinie ein und zeichne weitere Halbkreise, bis sich die vollständige Rosette ergibt.
Stich in jede Blattspitze ein und zeichne mit gleichem Radius außerhalb des Kreises dünne Hilfslinien, die sich kreuzen.
Diese Außenschnittpunkte sind die Mittelpunkte für die gebogenen Netzlinien.
Stich hier ein und zeichne die Netzbögen.
Radiere zum Schluss die Hilfslinien vorsichtig weg.
Übe so lange auf Zeichenpapier, bis deine Zeichnung der Vorlage gleicht.

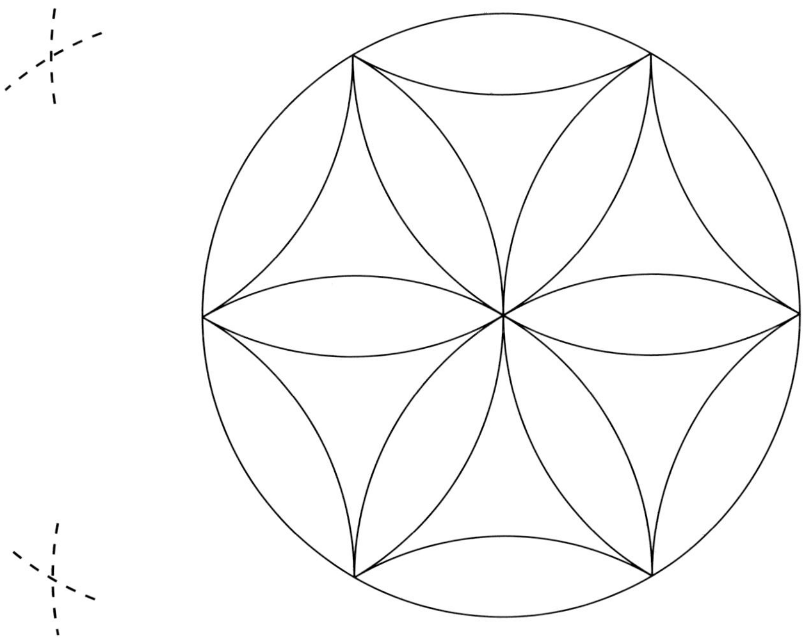

Bergedorfer®
Best.-Nr. 2331

Halbkugel

r = 3 cm

Zeichne einen Kreis.
Stich zuerst irgendwo auf der Kreislinie ein (danach stichst du in die Schnittpunkte, die sich auf dem Kreis ergeben) und zeichne mit gleichem Radius 6 volle Kreise.
Lege die Linealseite des Geodreiecks jeweils an die äußeren Schnittpunkte der Außenkreise und an den Mittelpunkt des Innenkreises. Markiere dabei nur die Schnittpunkte auf dem Innenkreis – ziehe keine Linien!
Diese Schnittpunkte sind die Mittelpunkte von 6 weiteren vollen Kreisen.
Wenn die zwölfblättrige Rosette vollendet ist, zeichne um den Mittelpunkt folgende Ringe:
r = 4,5 cm; r = 5 cm; r = 5,5 cm; r = 5,8 cm; r = 6 cm.
Übe so lange auf Zeichenpapier, bis deine Zeichnung der Vorlage gleicht.

Persen® Bergedorfer®
Best.-Nr. 2331

r = 3cm

Zeichne einen Kreis.
Stich zuerst irgendwo auf der Kreislinie ein (danach stichst du in die Schnittpunkte, die sich auf dem Kreis ergeben) und zeichne mit gleichem Radius 6 volle Kreise.
Lege die Linealseite des Geodreiecks jeweils an die äußeren Schnittpunkte der Außenkreise und an den Mittelpunkt des Innenkreises. Markiere dabei nur die Schnittpunkte auf dem Innenkreis – ziehe keine Linien!
Diese Schnittpunkte sind die Mittelpunkte von 6 weiteren vollen Kreisen.
Wenn die zwölfblättrige Rosette vollendet ist, zeichne um den Mittelpunkt folgende Ringe:
r = 4,5cm; r = 5cm; r = 5,5cm; r = 5,8cm; r = 6cm.
Übe so lange auf Zeichenpapier, bis deine Zeichnung der Vorlage gleicht.

Persen® Bergedorfer® Best.-Nr. 2331

Blume

$r_1 = 6\,cm$
$r_2 = 3\,cm$

Zeichne einen großen Außenkreis und bei gleichem Mittelpunkt einen kleinen Innenkreis.
Stich irgendwo auf dem Innenkreis ein und zeichne mit dem kleinen Radius einen Halbkreis zwischen Innen- und Außenkreis.
Die Mittelpunkte der weiteren Halbkreise liegen immer auf den Schnittpunkten von Innenkreis und Halbkreis.
Übe so lange auf Zeichenpapier, bis deine Zeichnung der Vorlage gleicht.

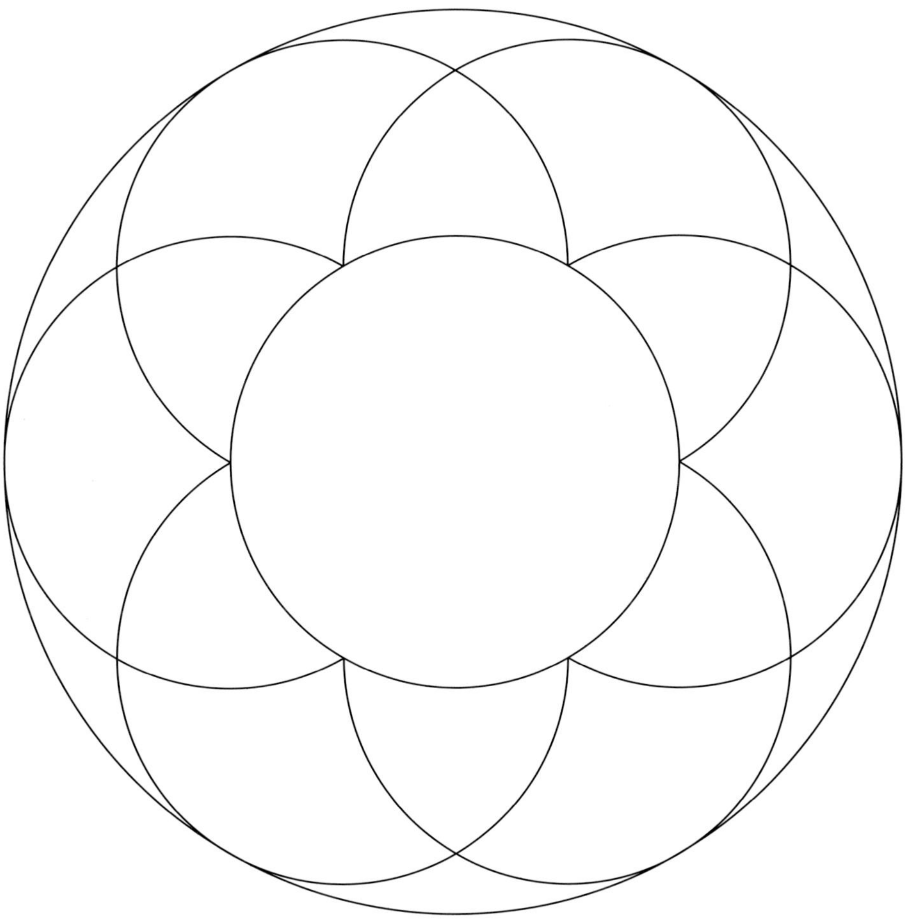

Bd. 273. Inge Buggenthin: Einführung in die Arbeit mit Geodreieck und Zirkel – ab 4. Schuljahr

Persen® Bergedorfer®
Best.-Nr. 2331

$r_1 = 6\,cm$
$r_2 = 3\,cm$

Zeichne einen großen Außenkreis und hauchdünn einen kleinen Innenkreis (Hilfslinie!).
Zeichne mit dem Zirkel eine Blume, indem du auf dem Innenkreis mit r_2 Halbkreise zwischen Innen- und Außenkreis zeichnest.
Stich nun jeweils in die Kreuzungspunkte von zwei Blättern ein und zeichne mit r_2 kurze Innenbögen.
Radiere den inneren Hilfskreis vorsichtig weg.
Übe so lange auf Zeichenpapier, bis deine Zeichnung der Vorlage gleicht.

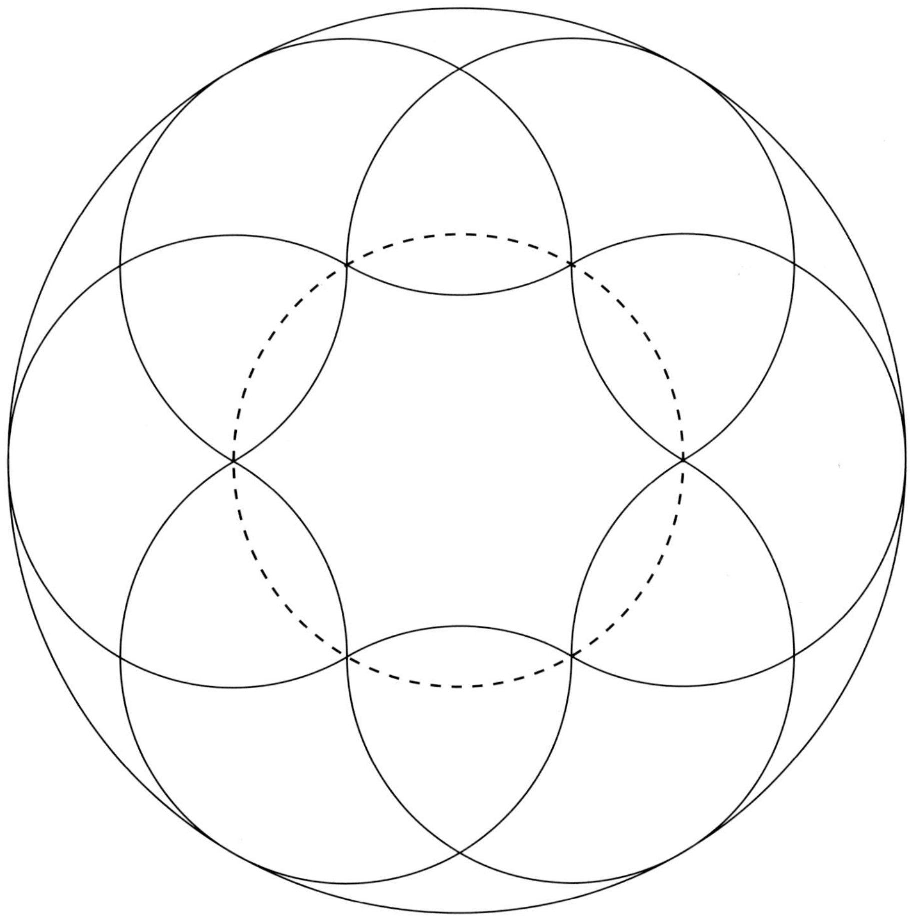

Persen® Bergedorfer®
Best.-Nr. 2331

Kleiner Wirbel

r = 6 cm

Zeichne einen Kreis.
Stich in irgendeinen Punkt auf der Kreislinie ein und zeichne mit gleichem Radius einen Kreisbogen bis zum Mittelpunkt. Stich nun in den entstehenden Schnittpunkt auf dem Außenkreis ein und zeichne den nächsten Kreisbogen. Fahre so fort, bis der kleine Wirbel vollständig ist.
Übe so lange auf Zeichenpapier, bis deine Zeichnung der Vorlage gleicht.

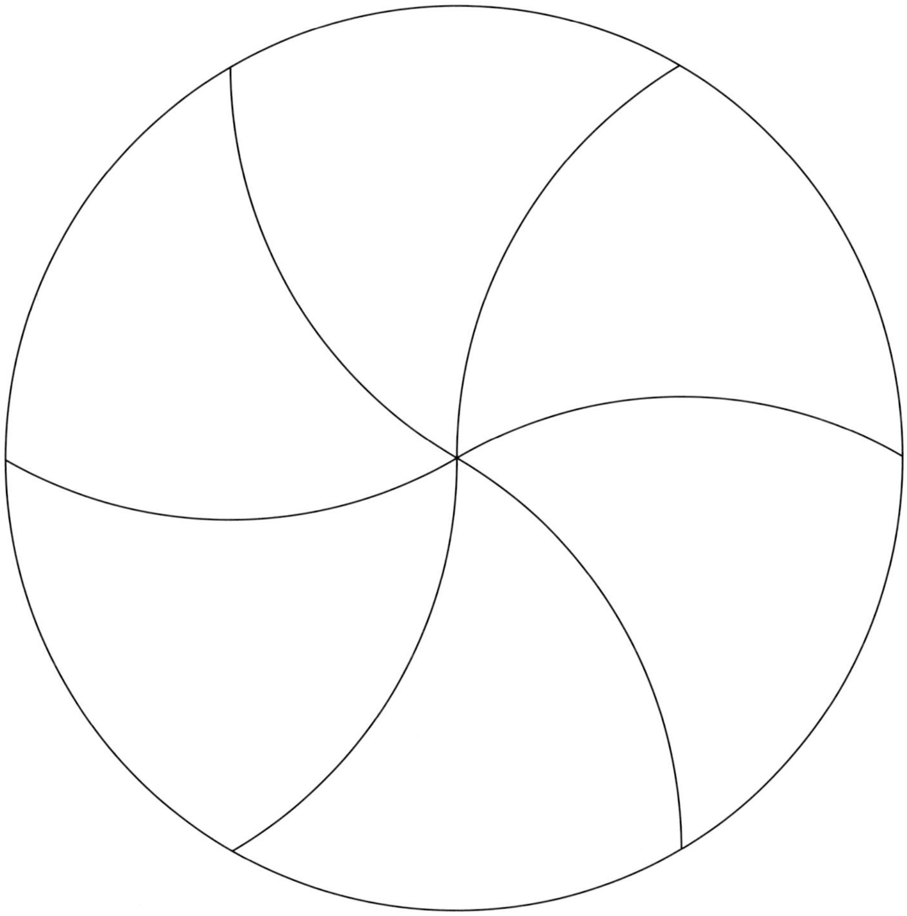

Großer Wirbel

r = 6 cm

Zeichne einen Kreis.
Stich zuerst in irgendeinen Punkt auf der Kreislinie ein (danach stichst du in die Schnittpunkte, die sich auf dem Kreis ergeben) und zeichne mit gleichem Radius innerhalb des Kreises Kreisbögen bis zum Mittelpunkt.
Verbinde nun hauchdünn zwei nebeneinander liegende Kreuzungspunkte auf dem Kreis und markiere die Mitte der Strecke (Geodreieck). Verbinde diesen Punkt mit dem Kreismittelpunkt, wobei du die Hilfslinie bis zur Kreislinie verlängerst.
Stich in diesen neuen Schnittpunkt auf der Kreislinie ein und zeichne mit gleichem Radius wieder einen Kreisbogen bis zum Mittelpunkt.
Zeichne weitere Kreisbögen, bis der große Wirbel vollständig ist.
Radiere zum Schluss alle Hilfslinien vorsichtig weg.
Übe so lange auf Zeichenpapier, bis deine Zeichnung der Vorlage gleicht.

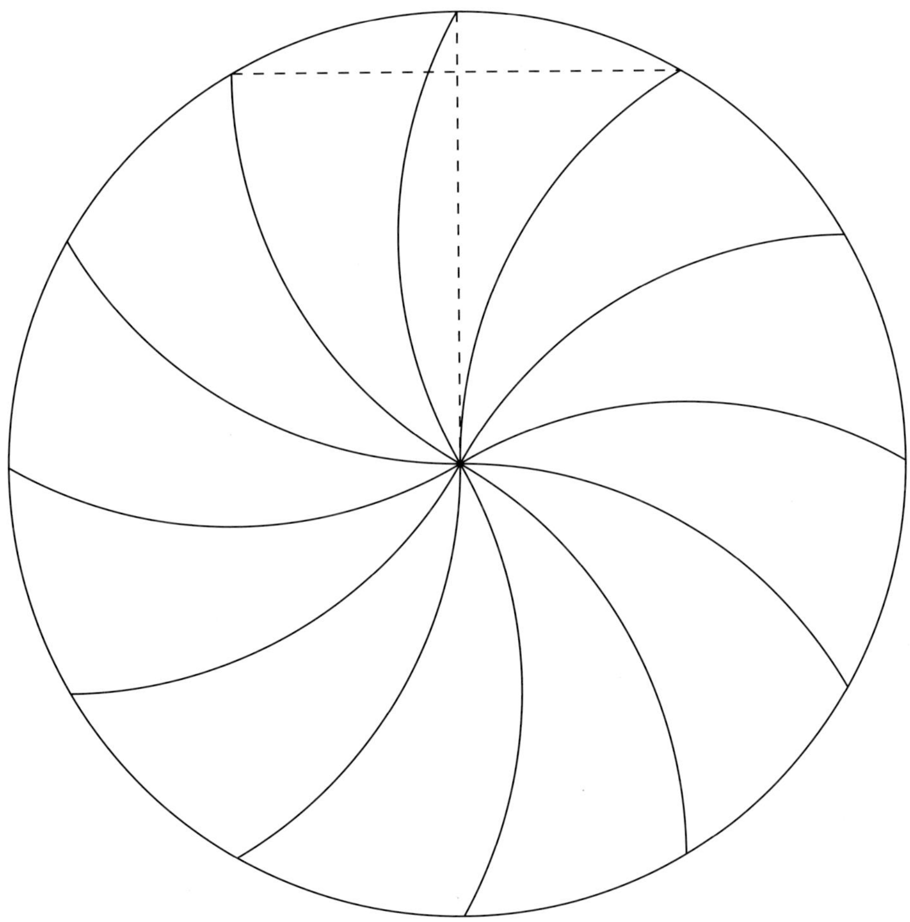

Bd. 273. Inge Buggenthin: Einführung in die Arbeit mit Geodreieck und Zirkel – ab 4. Schuljahr

Persen® Bergedorfer®
Best.-Nr. 2331

Tropfen

$r_1 = 3\,cm$
$r_2 = 1{,}5\,cm$

Zeichne hauchdünn einen inneren Hilfskreis mit r_1.
Zeichne darauf außen Halbkreise mit gleichem Radius.
Verbinde jeweils 2 gegenüberliegende Blattschnittpunkte mit der Linealseite des Geodreiecks und markiere dabei nur die Schnittpunkte auf dem Innenkreis.
Stich dort ein und zeichne mit r_2 die kleinen Innenverbindungen.
Radiere alle Hilfslinien vorsichtig weg.
Übe so lange auf Zeichenpapier, bis deine Zeichnung der Vorlage gleicht.

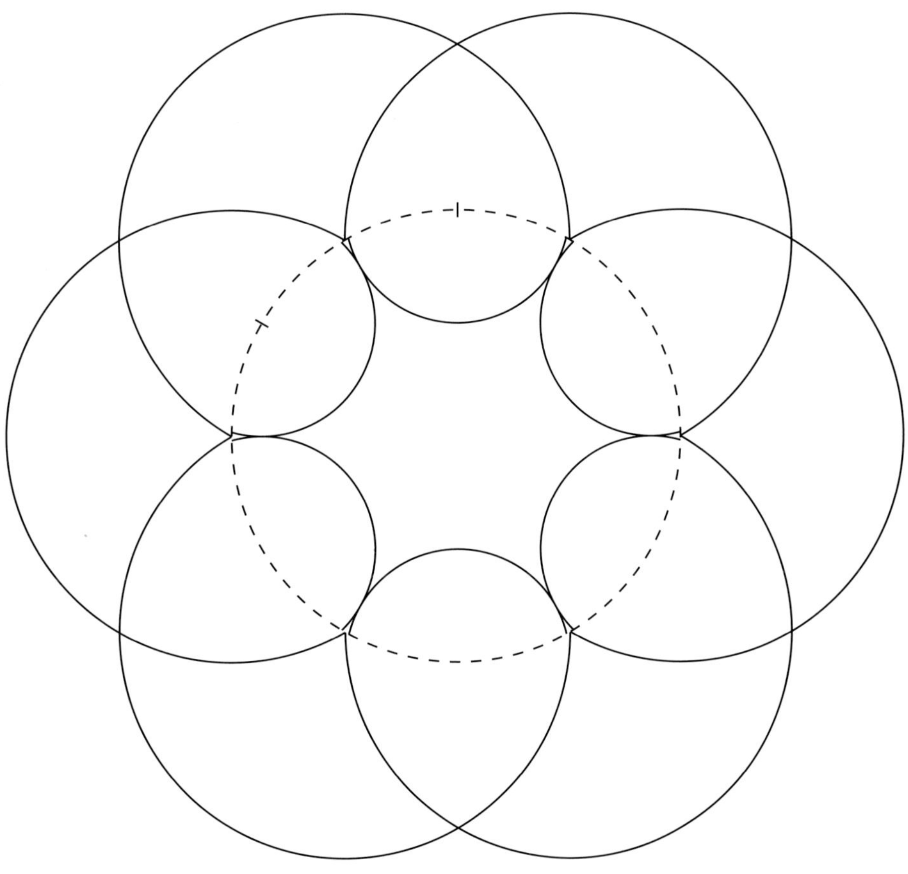

Bd. 273. Inge Buggenthin: Einführung in die Arbeit mit Geodreieck und Zirkel – ab 4. Schuljahr

Persen® Bergedorfer®
Best.-Nr. 2331

$r_1 = 6\,cm$
$r_2 = 3\,cm$
$r_3 = 1{,}5\,cm$

Zeichne mit dem Lineal eine längere Hilfslinie (dünn) und mittig eine Senkrechte darauf. Der Schnittpunkt wird der Kreismittelpunkt M_1.
Zeichne um M_1 zwei Hilfskreise (dünn) mit r_1 und r_2.
Stich in einen Schnittpunkt von Hilfskreuz und Innenkreis (Mittelpunkt M_2) und zeichne über der Hilfslinie einen Halbkreis mit r_2.
Verfahre genauso bei den anderen drei Kreuzungspunkten; die Kreisbögen liegen in gleicher Richtung.
Ermittele nun die Mitte zwischen M_1 und M_2, bzw. M_2 und Außenkreis.
Zeichne um die neuen Mittelpunkte kleine Halbkreise mit r_3 – einmal in den Kreisbogen hinein und einmal nach außen.
Radiere alle Hilfslinien vorsichtig weg.
Übe so lange auf Zeichenpapier, bis deine Zeichnung der Vorlage gleicht.

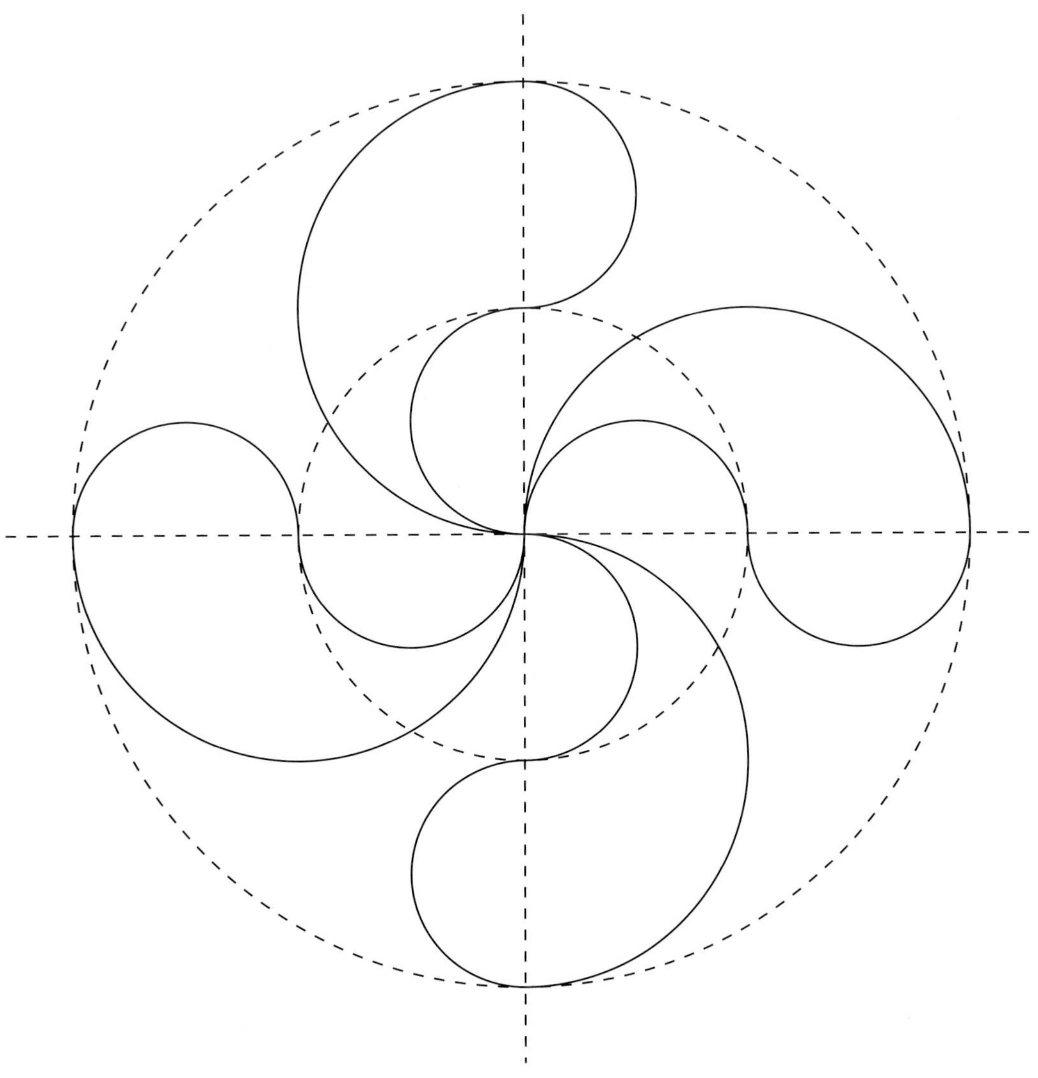

Woge

Ziehe eine dünne Hilfslinie von mindestens 13 cm Länge.
Markiere ungefähr in der Mitte einen Punkt und sowohl rechts als auch links davon im Abstand von 3 cm jeweils noch einen Punkt.
Stich in den linken äußeren Punkt ein und zeichne über der Hilfslinie einen Halbkreis mit r = 3 cm.
Stich in den rechten Außenpunkt ein und zeichne unterhalb der Hilfslinie den zweiten Halbkreis.
Stich nun in den Mittelpunkt zwischen beiden Halbkreisen auf der Hilfslinie ein und zeichne einen vollen Kreis mit r = 6 cm.
Radiere die Hilfslinie vorsichtig weg.
Übe so lange auf Zeichenpapier, bis deine Zeichnung der Vorlage gleicht.

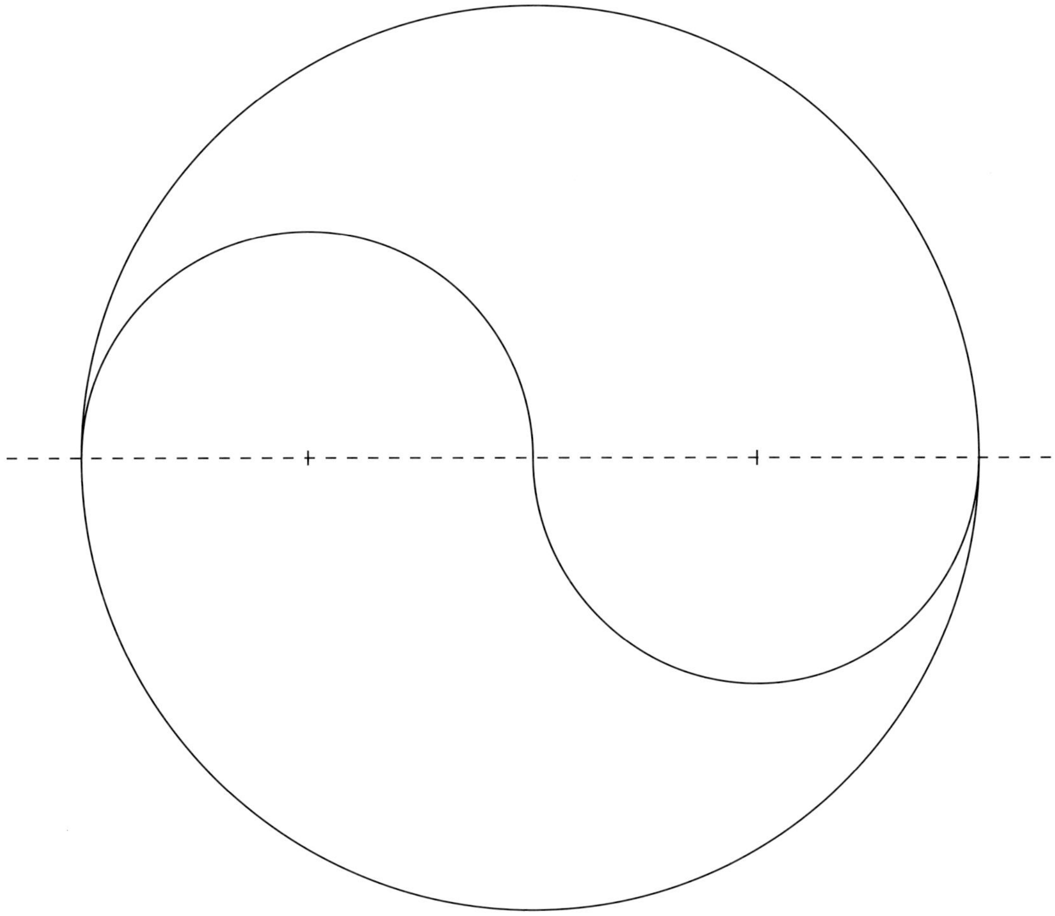

Persen® Bergedorfer®
Best.-Nr. 2331

Kugeln in der Kugel

$r_1 = 6\,cm$
$r_2 = 3\,cm$
$r_3 = 1{,}5\,cm$

Ziehe eine senkrechte dünne Hilfslinie von mindestens 13 cm Länge.
Markiere ungefähr die Mitte und zeichne um diesen Mittelpunkt (M_1) den großen Kreis mit r_1.
Halbiere die Linie zwischen M_1 und Kreislinie und zeichne um diesen Punkt (M_2) einen Kreis mit r_2.
Halbiere die Restlinie zwischen M_2 und Kreislinie und zeichne einen Kreis mit r_3.
Radiere die Hilfslinie vorsichtig weg.
Übe so lange auf Zeichenpapier, bis deine Zeichnung der Vorlage gleicht.

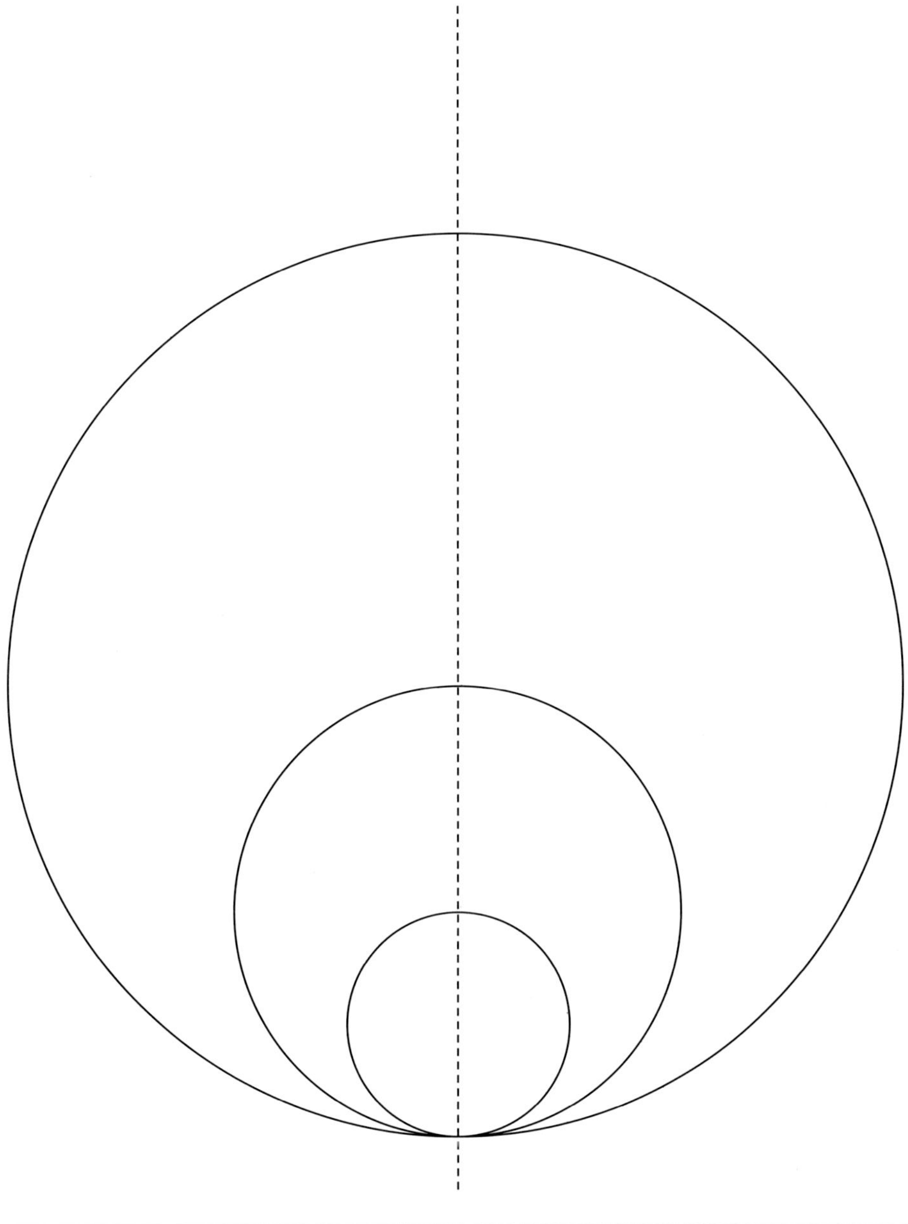

Bergedorfer® Best.-Nr. 2331

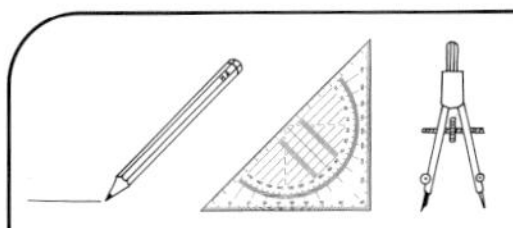

Teddy-Teller

Zeichne den großen Kreis, der die Tellergröße festlegt.
Versuche dann, den Teddy mit dem Zirkel nachzuzeichnen.

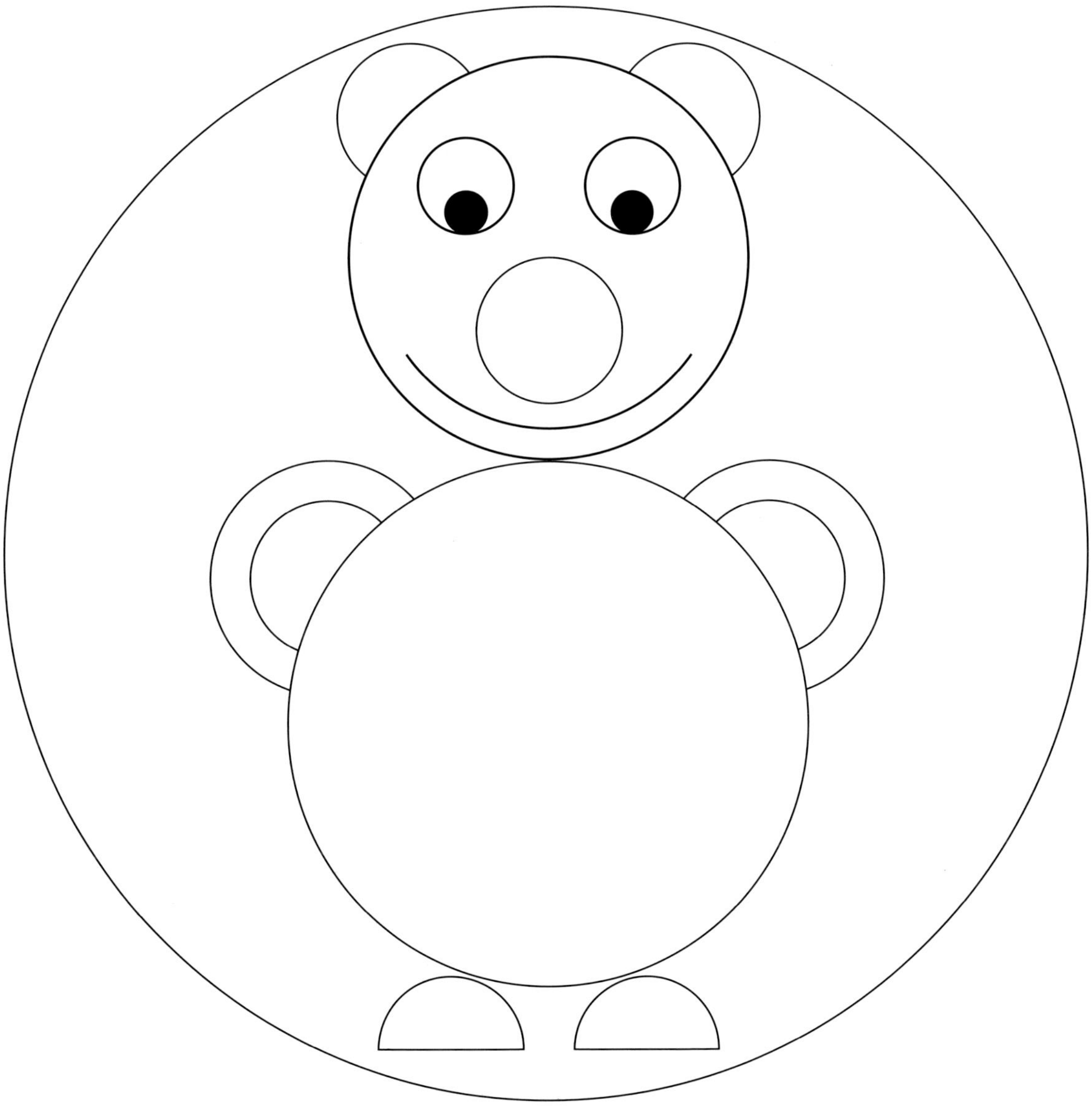

Persen® Bergedorfer®
Best.-Nr. 2331

Designer-Teller

Zeichne den großen Kreis, der die Tellergröße festlegt.
Zeichne einen 4 cm kleineren Innenkreis.
Konstruiere mit Lineal und Zirkel Kreismuster und Linien auf dem Rand.

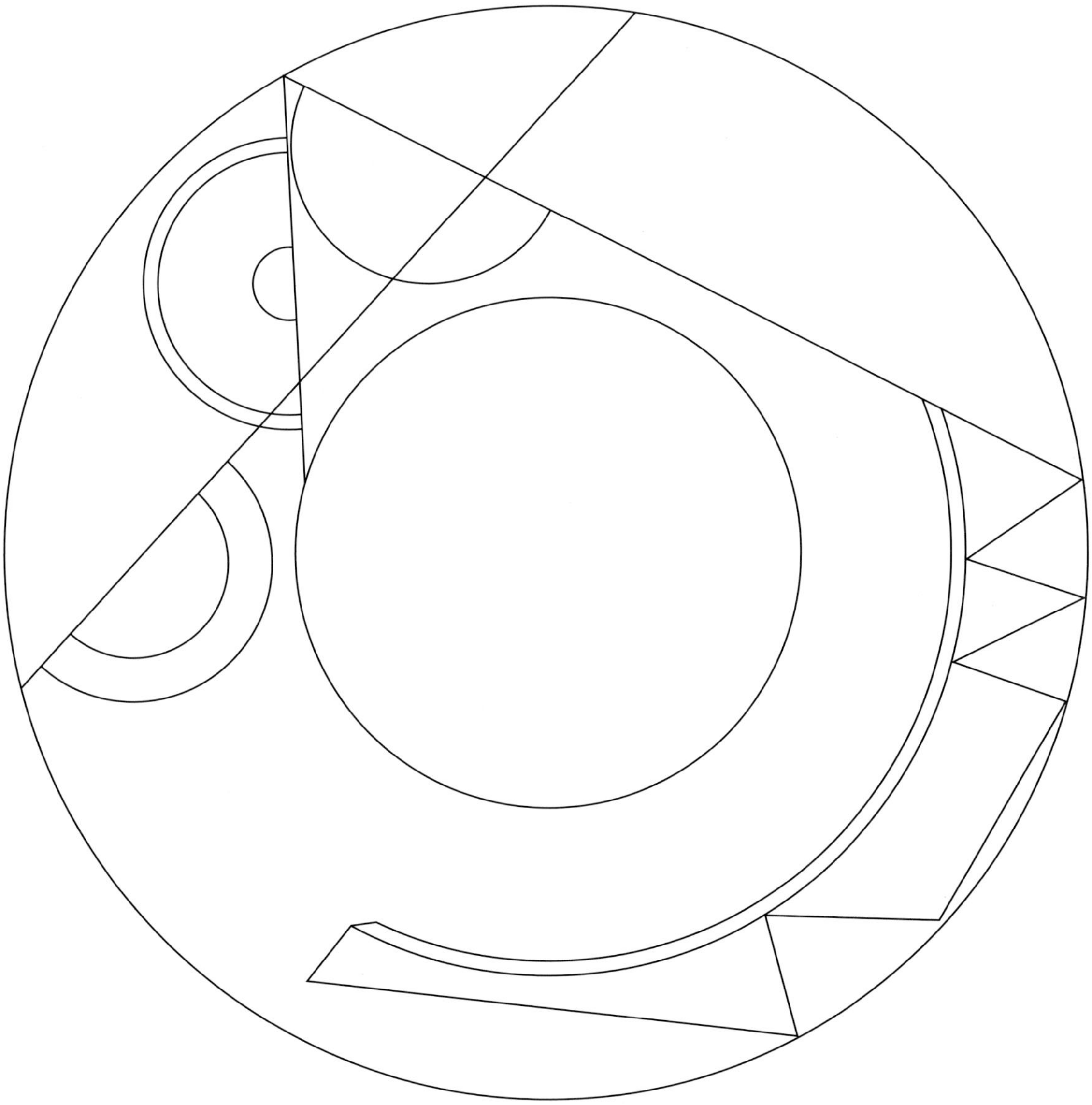

Persen® Bergedorfer®
Best.-Nr. 2331

Blatt 4

a) 3 cm, 2 cm, 5 cm;
b) $1\frac{1}{2}$ cm, $2\frac{1}{2}$ cm, $4\frac{1}{2}$ cm, $3\frac{1}{2}$ cm;
c) 4 cm 7 mm, 1 cm 9 mm, 6 cm 4 mm;
d) 8,5 cm, 0,8 cm, 5,0 cm, 6,0 cm, 5,9 cm, 3,1 cm, 5,5 cm, 3,2 cm, 8,1 cm, 4,7 cm, 2,3 cm, 3,4 cm, 4,5 cm.

Blatt 5

A 10,2 cm, B 6 cm, C 15,2 cm, D 9 cm, E 5,5 cm, F 8,5 cm.

Blatt 6

	A	B	C	D	E	F
A	0	6	4,9	13	20	12,4
B	6	0	3,5	7,5	19,2	10,5
C	4,9	3,5	0	8,4	16,4	8
D	13	7,5	8,4	0	16,5	8,5
E	20	19,2	16,4	16,5	0	8,9
F	12,4	10,5	8	8,5	8,9	0

Blatt 10

c) und d) sind nicht parallel.

Blatt 18

75°, 110°, 57°, 38°.

Blatt 22

a) 136°, 160°, 110°, 173°.

Persen® Bergedorfer®
Best.-Nr. 2331

Viele sechsblättrige Rosetten im Kreis

$r_1 = 4\,\text{cm}$
$r_2 = 2\,\text{cm}$

Zeichne einen großen Außenkreis.
Stich in den gleichen Mittelpunkt ein und zeichne einen kleinen Innenkreis.
Zeichne auf dem Innenkreis und den kleinen Umrandungskreisen Rosetten, bis der gesamte große Kreis gefüllt ist.
Übe so lange auf Zeichenpapier, bis deine Zeichnung der Vorlage gleicht.

Bd. 273. Inge Buggenthin: Einführung in die Arbeit mit Geodreieck und Zirkel – ab 4. Schuljahr

Persen® Bergedorfer®
Best.-Nr. 2331

Dahlienblüte

r = 3 cm

Zeichne einen Kreis.
Stich zuerst irgendwo auf der Kreislinie ein (danach stichst du in die Schnittpunkte, die sich auf dem Kreis ergeben) und zeichne mit gleichem Radius 6 volle Kreise.
Lege die Linealseite des Geodreiecks jeweils an die äußeren Schnittpunkte der Außenkreise und an den Mittelpunkt des Innenkreises. Markiere dabei nur die Schnittpunkte auf dem Innenkreis – ziehe keine Linien!
Diese Schnittpunkte sind die Mittelpunkte von 6 weiteren vollen Kreisen.
Übe so lange auf Zeichenpapier, bis deine Zeichnung der Vorlage gleicht.

Bd. 273. Inge Buggenthin: Einführung in die Arbeit mit Geodreieck und Zirkel – ab 4. Schuljahr

Persen® Bergedorfer®
Best.-Nr. 2331

Dahlienblüte

r = 3 cm

Zeichne einen Kreis.
Stich zuerst irgendwo auf der Kreislinie ein (danach stichst du in die Schnittpunkte, die sich auf dem Kreis ergeben) und zeichne mit gleichem Radius 6 volle Kreise.
Lege die Linealseite des Geodreiecks jeweils an die äußeren Schnittpunkte der Außenkreise und an den Mittelpunkt des Innenkreises. Markiere dabei nur die Schnittpunkte auf dem Innenkreis – ziehe keine Linien!
Diese Schnittpunkte sind die Mittelpunkte von 6 weiteren vollen Kreisen.
Übe so lange auf Zeichenpapier, bis deine Zeichnung der Vorlage gleicht.

Persen® Bergedorfer®
Best.-Nr. 2331

Sechsblättrige Rosette im Netz

r = 4cm

Zeichne mit dem Zirkel einen Kreis.
Verändere den Radius nicht.
Markiere irgendeinen Punkt auf der Kreislinie.
Stich dort ein und zeichne innerhalb des Kreises einen Halbkreis.
Stich jeweils in die neuen Schnittpunkte auf der Kreislinie ein und zeichne weitere Halbkreise, bis sich die vollständige Rosette ergibt.
Stich in jede Blattspitze ein und zeichne mit gleichem Radius außerhalb des Kreises dünne Hilfslinien, die sich kreuzen.
Diese Außenschnittpunkte sind die Mittelpunkte für die gebogenen Netzlinien.
Stich hier ein und zeichne die Netzbögen.
Radiere zum Schluss die Hilfslinien vorsichtig weg.
Übe so lange auf Zeichenpapier, bis deine Zeichnung der Vorlage gleicht.

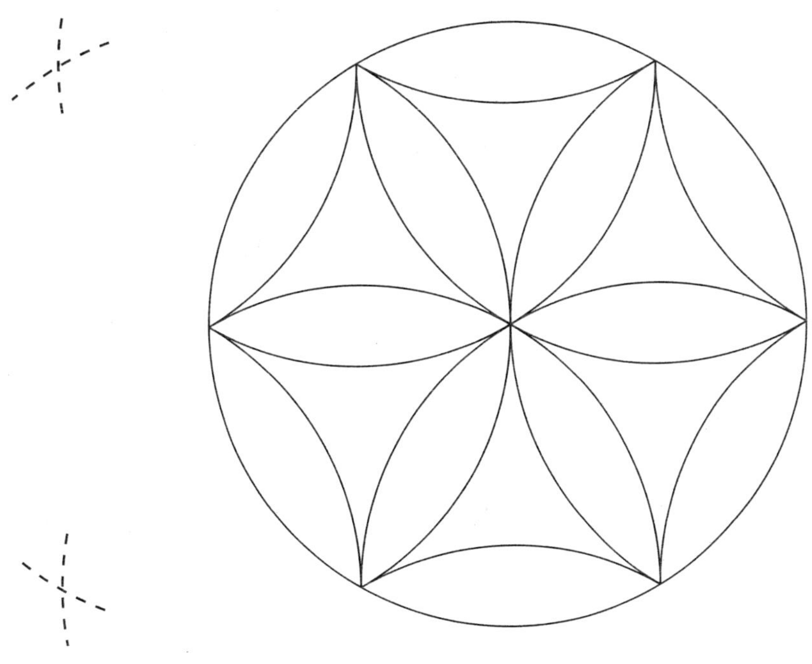

Persen® Bergedorfer®
Best.-Nr. 2331

Sechsblättrige Rosette im Netz

r = 4 cm

Zeichne mit dem Zirkel einen Kreis.
Verändere den Radius nicht.
Markiere irgendeinen Punkt auf der Kreislinie.
Stich dort ein und zeichne innerhalb des Kreises einen Halbkreis.
Stich jeweils in die neuen Schnittpunkte auf der Kreislinie ein und zeichne weitere Halbkreise, bis sich die vollständige Rosette ergibt.
Stich in jede Blattspitze ein und zeichne mit gleichem Radius außerhalb des Kreises dünne Hilfslinien, die sich kreuzen.
Diese Außenschnittpunkte sind die Mittelpunkte für die gebogenen Netzlinien.
Stich hier ein und zeichne die Netzbögen.
Radiere zum Schluss die Hilfslinien vorsichtig weg.
Übe so lange auf Zeichenpapier, bis deine Zeichnung der Vorlage gleicht.

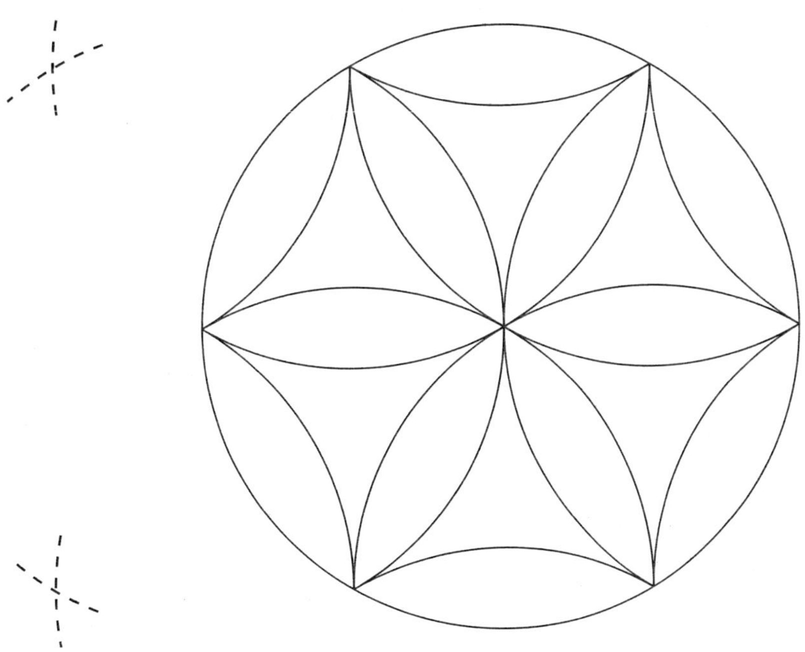

Persen Bergedorfer® Best.-Nr. 2331

Halbkugel

r = 3 cm

Zeichne einen Kreis.
Stich zuerst irgendwo auf der Kreislinie ein (danach stichst du in die Schnittpunkte, die sich auf dem Kreis ergeben) und zeichne mit gleichem Radius 6 volle Kreise.
Lege die Linealseite des Geodreiecks jeweils an die äußeren Schnittpunkte der Außenkreise und an den Mittelpunkt des Innenkreises. Markiere dabei nur die Schnittpunkte auf dem Innenkreis – ziehe keine Linien!
Diese Schnittpunkte sind die Mittelpunkte von 6 weiteren vollen Kreisen.
Wenn die zwölfblättrige Rosette vollendet ist, zeichne um den Mittelpunkt folgende Ringe:
r = 4,5 cm; r = 5 cm; r = 5,5 cm; r = 5,8 cm; r = 6 cm.
Übe so lange auf Zeichenpapier, bis deine Zeichnung der Vorlage gleicht.

Persen® Bergedorfer®
Best.-Nr. 2331

Halbkugel

r = 3 cm

Zeichne einen Kreis.
Stich zuerst irgendwo auf der Kreislinie ein (danach stichst du in die Schnittpunkte, die sich auf dem Kreis ergeben) und zeichne mit gleichem Radius 6 volle Kreise.
Lege die Linealseite des Geodreiecks jeweils an die äußeren Schnittpunkte der Außenkreise und an den Mittelpunkt des Innenkreises. Markiere dabei nur die Schnittpunkte auf dem Innenkreis – ziehe keine Linien!
Diese Schnittpunkte sind die Mittelpunkte von 6 weiteren vollen Kreisen.
Wenn die zwölfblättrige Rosette vollendet ist, zeichne um den Mittelpunkt folgende Ringe:
r = 4,5 cm; r = 5 cm; r = 5,5 cm; r = 5,8 cm; r = 6 cm.
Übe so lange auf Zeichenpapier, bis deine Zeichnung der Vorlage gleicht.

Bergedorfer®
Best.-Nr. 2331